図解不動産業

仲介での
マンション調査入門

著者／津村重行　マンガ／藤井龍二

住宅新報社

はじめに

平成17年8月3日、国土交通省諮問機関・「瑕疵保証のあり方に関する研究会」（座長・金本良嗣、東京大学大学院経済学研究科・公共政策大学院教授）は、報告書において、「民法には、瑕疵の内容に関する規定は存在せず、また、瑕疵の類型化や定義付けもなされていないため、法律上は、瑕疵の判断基準は明らかではない。」としています。

このため、宅地建物取引業法に定める重要事項については、宅地建物取引業者が調査し、説明をすべき範囲は必ずしも明確ではありません。

国土交通省は、平成19年6月22日、「わが国のマンションストック総数約５０５万戸（平成18年12月時点）のうち、昭和56年の建築基準法施行令改正以前の耐震基準で建設されたものは全国で約１００万戸あり、これらについては耐震性能が劣っている可能性があります。」と公表しました。

不動産トラブルの多くは「瑕疵または隠れた瑕疵」が問題とされています。

宅地建物取引業者が不動産トラブルを未然に防ぐためには、「瑕疵の発見方法」のノウハウを習得するしかありません。

本書では、消費者保護の根幹をなすマンションの「情報開示すべき重要事項」の範囲が理解できるように、特に重大な問題をわかりやすく述べています。

平成20年7月

津村　重行

仲介でのマンション調査入門

目次

第7章 既存マンションの調べ方(1) 現地でわかる欠陥……117

第8章 既存マンションの調べ方(2) 法務局でわかる欠陥……139

第1章 耐震偽装事件と業者の注意義務

1 建物の基本的安全性とは！

２００７年7月6日、最高裁（裁判長今井功）は、「建物の基本的安全性」として、「ベランダ手すりがぐらついていて入居者が転落する可能性があるような場合は、建築物としての基本的な安全性を有していない欠陥」としました。

それは、「建物の基礎や構造く体に瑕疵がある場合に限って不法行為責任が認められると解すべき理由もない」というものです。

また、従来の不法行為責任の範囲を、「構造上の欠陥のみに限定しない」と否定しました。

さらに、「建物利用者や隣人、通行人等の生命、身体または財産を危険にさらすことがないような安全性を備えていなければならず、……そのような瑕疵《かし》があればその建物には建物としての基本的な安全性を損なう瑕疵がある」と。

つまり、「建築された建物に建物としての基本的な安全性を損なう瑕疵があり、それにより居住者等の生命、身体または財産が侵害された場合には、これによって生じた損害について不法行為による賠償責任を負うというべきである」と判決しました。

マンション調査の基本は、構造的な欠陥だけではなく、入居者の生命の安全性にも気をつけて、調査をすることが大切です。

新築住宅だから、中古マンションだから、「少々のことは説明をしなくても大丈夫だろう」と考えずに、少なくとも、「目で見て危険とわかるような設備状況」などは説明責任が問われます。

ほぼ完成しましたね
これはマズイな
え？
ピポ
!?
ベランダがぐらついている
07年7月の最高裁判決で建物の構造的欠陥だけでなく入居者の生命の安全にも気をつける責任を負うべき―とされた
我々宅建業者はより高い説明責任があるのだ

2 苦情の多い分譲業者！

２００６年12月20日、宅地建物取引業法（以下「宅建業法」）第47条を改正し、「取引の関係者の資力若しくは信用に関する事項であって、宅建業者の相手方等の判断に重要な影響を及ぼすこととなるもの」について、宅建業者は買主に告知する義務を課しています。

特に、新築マンションの仲介の場合は慎重になる必要があります。

無事に取引が完了したとしても欠陥だらけで何度も補修の苦情を聴かされることになります。

売主は、それが企業であろうと個人であろうと、購入者の都合の悪い話などはしないものです。たとえば、売主業者が取引完了前に倒産などをして、契約を履行することができなくなった場合、仲介業者が「いつ、どこで、どのような方法で何を調べたか」が問われることになります。

不動産会社については、苦情相談受付窓口である都道府県庁の建設・不動産業課に行って、「この会社は、不動産トラブルなどで苦情相談はありませんか」と質問をします。

通常、行政処分の記録のある企業については、公開情報ですので教えてくれます。

なかには、「この会社は車に乗って街中を時速１００キロで走っているようなものです」と、説明をしてくれる担当者もいます。

行政処分がない場合でも、消費者からの苦情があまりに多い場合は教えてくれる場合があります。

苦情の多い会社はその事実をあらかじめ買主に告知しておくことが大切です。

県庁に行こう
え？
分譲業者に行くんじゃないのですか？
シュ
宅建業者は買主に対し、売主の処分情報を告知する必要がある
もし万一欠陥建築ならば何度も補修や苦情でお互い苦労するし仲介業者の責任問題にもなってくる
A&Z
建設不動産業課
——あのうこの会社は街中を時速100キロで走っているようなところですね
ええ!?

3 分譲主情報はインターネットで！

平成17年11月17日、国土交通省が公表したことから端を発した耐震偽装事件においては、発覚後すぐに〝倒産〟の意思表明をした会社もあります。

平成17年の倒産件数は前年の２倍近い。

ビジネスビルの注文者の中には、「１か月ごとに出来高払いをする」という方式で契約をする人さえいます。

最近では、企業の財務情報はインターネットで入手することもできます。

また、不動産免許更新の際に都道府県に提出している決算報告書や事業実績報告書などを建設・不動産業課で閲覧することができます。

しかし、５年に一度しか更新されないため、最悪５年前の情報になりますが参考にはなります。

決算報告書では、年間売上金額と年間収益の記録、そして、年間取引件数などがわかります。

年間売上金額や年間取引件数は企業の社会的信頼度を示します。

一方、年間収益は会社の経営状況を示します。

「売上高は高いのに収益がほとんどない」「借入金額が売上金額と同等以上」といった場合などは、いわゆる「自転車操業」ですので、注意が必要です。

都道府県の建設・不動産業課で、企業の財務状況をこのように知ることができます。

売主が不動産業者などの場合は、必ず、「不動産会社の登録簿の閲覧をお願いします」と言って、閲覧をすることが大切です。

行政処分はないですが消費者からの苦情はあります
これらは買主に知らせる事項だ
不動産会社の登録簿の閲覧はできますか？
決算書や事業実績報告書も閲覧できるのさ
これらは5年に一度の更新だが大まかな参考になる
財務情報はネットでも見られる
けっこう自転車操業だな

4 瑕疵担保保険契約の義務化！

売主または工事請負者は、「住宅の品質確保の促進に関する法律」（以下「品確法」）により、10年の瑕疵修補の責任や損害賠償を負います。

これは、業者に対して「10年間責任を負いなさい」という意味です。

一見すれば、業者の10年保証のように見えますが、〝保証する〟と〝保証できる〟とはまったく意味が違います。

企業が倒産をすれば保証はできなくなり、消費者は保護されません。

平成18年12月20日、宅建業法の改正をし、瑕疵が発見され売主が責任を履行できない場合、「売主に代わって履行責任を保証する保険契約締結の有無」について、売主や販売業者に対して説明を義務づけました。

ただし、この保険契約の加入はまだ任意。

その後、平成19年５月30日、「瑕疵担保履行確保法」が公布され、平成21年10月１日に施行予定となっています。

言いかえれば21年秋以降は、保険加入等は義務化され、売主が瑕疵担保の保険加入等をしていない場合は売買契約の締結などをすることはできません。

したがって、売主の「瑕疵保証のための保険契約締結の有無」は重要事項であり、仲介をするうえでも、その説明告知をする義務があります。

しかし、瑕疵に関する保証保険の義務化が行われるまでは、売主の経済的信用度が重要な調査事項ということになるでしょう。

ふう
入社早々 めまぐるしい 状況だな
あ 勉強に なります
瑕疵担保保険と いうようなものは ないのですか？
実は 品確法では 10年の瑕疵修補の 責任や損害賠償を負う
平成18年12月から 売主に代わり 履行責任の説明 を 売主や販売業者に義務づけ たのだが この保険契約はまだ 任意なんだ
しかし 21年10月以降は義務化され この告知も仲介業者の 大きな責任になるのだ

5 耐震偽装関係建物が789棟！

この間の耐震偽装にかかわり、しかも、「基準に満たない」と判明した分譲マンションの建築棟数は２００７年11月16日現在で31棟も存在し、耐震偽装関係者が関与した建物７８９棟についてはは現在も調査中のものも数多く残されています。

しかし、顧客が新築マンションを気に入り取引に入りたいという場合、売主や設計者が耐震偽装関係者では困ります。

そこで、国が行政機関に通知を出して、構造計算を再検査している物件かどうかを確かめる必要があります。

再検査の結果、異常があるかどうかが大切です。

主な関係者は、施主・施工・設計者などです。

国土交通省が公表している耐震偽装関係者、計算誤りの関係者は姉歯問題以降公表されています。

当該マンションが関係した建物であるかどうかは、建築確認通知書を見れば、その２面の「建築主等」の欄にすべて記載されているので容易に確かめることができます。

取引を予定している建物が、行政機関によって耐震診断の再計算をしているような場合、最悪、「耐震基準に満たない建築物」という診断結果が出て、取引ができなくなる場合があります。

ここで注意すべき点は、どの関係者が関与している建物かということではなく、行政機関が構造計算の再調査をしている最中であるかどうか、そして、耐震基準を満たしているという診断結果があるかどうか、という点です。

A&Z不動産
耐震偽装マンションにかかわったら大変ですね
あれはひどいな
あの関連業者が携わったマンションは７８９棟もあるらしい
建築確認通知書
建築確認通知書を見れば　問題のある関係者かどうかは容易に判断できる
でも重要なのは行政機関が構造計算の再調査をしている物件かどうかということだ
そして耐震基準を満たしているという診断結果だ

6 建築確認の調べ方！

マンション分譲販売時にはパンフレットを配布していいます。パンフレットには、建築確認番号と建築確認の日付を記載していますので、これらを記録しておきます。

取引の際には、分譲業者に、「耐震診断は済んでいますか？」と聞きます。

そして、診断結果がある場合、「診断結果は耐震基準を満たしているかどうか」を聞きます。

次に、物件所在の市区町村役場に行き、建築確認担当課はどこにあるかを受付で確かめます。

担当課では、「この建築確認番号の確認証明書と建築計画概要書をください」と申請します。

このとき、「建築確認はここではなく地域整備センターに行ってくれ」と言われる場合もあります。

証明の申請書は担当者に聞きながら書きます。30分ほどで確認証明書をもらえます。

建築確認証明書には、建築確認年月日と確認番号、完了検査日などが記載されています。

建築計画概要書には、建築主・工事施工者・設計者・工事監理者などが記載されています。

ただ、構造設計の氏名は構造計算書に記載されており、これは分譲主、管理会社、管理組合のいずれかに保管されている可能性があります。

これが耐震偽装関係者の場合、担当課で、「このマンションは現在どのような耐震診断をしているでしょうか？」と聞きます。

調査中の建築物は未公表扱いです。

「未公開です」と言われた場合は、施主または管理組合に耐震診断の状況を確認します。

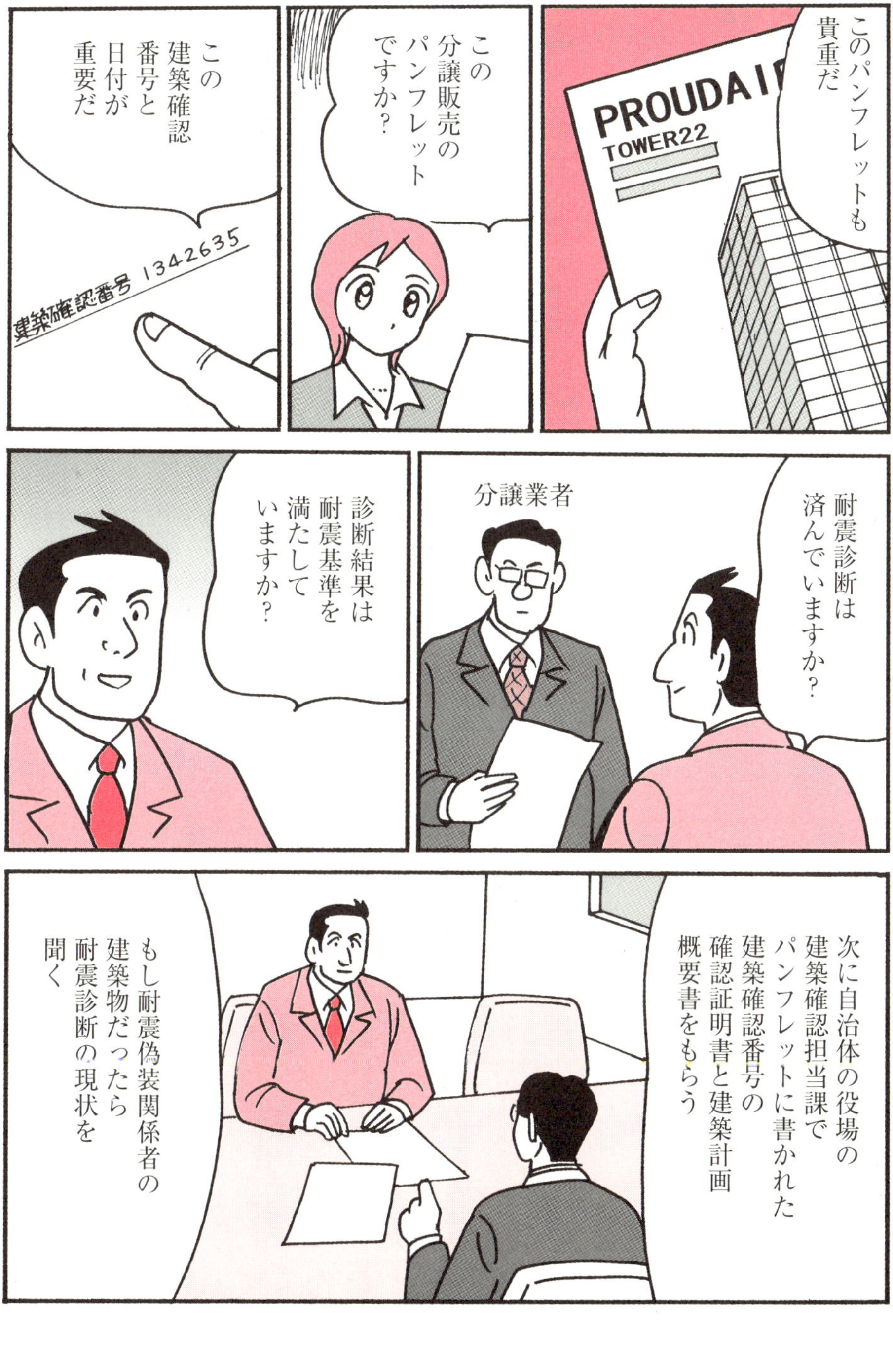
このパンフレットも貴重だ
PROUDAI
TOWER22
この分譲販売のパンフレットですか？
この建築確認番号と日付が重要だ
建築確認番号 1342635
分譲業者
耐震診断は済んでいますか？
診断結果は耐震基準を満たしていますか？
次に自治体の役場の建築確認担当課でパンフレットに書かれた建築確認番号の確認証明書と建築計画概要書をもらう
もし耐震偽装関係者の建築物だったら耐震診断の現状を聞く

7 建築確認図書が3年で焼却に！

行政機関に保管されている建築確認申請図書は、市区町村によってまちまちですが、保存期間がきわめて短いところもあります。

早いところでは、3年で焼却処分にされ、建築計画概要書や建築確認を取得した事実の記録程度しか残されていないのが現状です。

一度、焼却された書類は元には戻りません。

したがって、建物の性能を調べたいときは、分譲業者が保有する「建築確認図書」が唯一、重要な書類となるのです。

2007年6月20日、建築基準法が改正施行され、行政機関に建築確認図書の15年保存を義務づけました。

建築確認を取得したマンション分譲業者は、設計図書の写しなどを管理組合か管理会社に預けなければなりませんが、書類管理がずさんな業者では管理会社にも預けていません。

まして、今回のような耐震偽装事件が発覚し、設計図書がない場合は、高額な費用を支出して外部から非破壊検査などをしなければ、耐震性能を確認できないことになります。

すでに、マンションに入居しているような場合は、マンション管理費等から割り当てるという総会決議も必要になります。

したがって、新築建物の売主には、「建築確認図書は管理会社に預けていますか？」と聞く必要があります。

完成したばかりで、管理組合も存在しない場合は、「預ける予定の有無」がポイントです。

建物の性能を調べるには「建築確認図書」が重要だ
でもこれは行政機関では3年しか保存されていません
07年6月20日15年の保存が義務づけられた
耐震偽装事件ではこれがないと一から調べなくてはなりませんね
本来は 設計図書の写しなどは 管理組合か管理会社に預けなくてはならないはずだ
建築確認図書は管理会社に預けてありますか？
この確認は大切なポイントだ

8 設計図書交付は売主の義務！

最近は、消費者は第三者機関による「住宅性能評価書」付きマンションを選ぶ傾向があります。

ちなみに、平成16年度の住宅性能表示制度の利用実績は、新築住宅着工戸数の13・７％にすぎません。

大半の分譲業者は、この現場審査による作業中断が工期に影響するため消極的です。

住宅性能検査といっても、建物完成後の検査では検査内容も相当に制約を受けますので、建物完成前と工事中および完成後の３段階の検査が実施されていなければ安心できません。

この住宅性能評価書発行にたどり着くまでに、行政機関の確認検査・住宅性能評価機関のダブル検査が加わるために、念入りな検査が実施されることになります。

今や建築確認通知書、検査済み証があるだけでは安心できない時代です。

念には念をという専門検査が入るので、偽装事件に遭遇する確率も低くなります。

ところで、マンション管理適正化法により、宅建業者は自ら売主として新築マンションを分譲した場合は、管理者等に対して、設計に関する図書を交付しています。

この設計に関する図書には、工事完了時の建物および附属施設に係るもので、付近見取図・配置図・仕様書・各階平面図・二面以上の立面図・断面図または矩計図・基礎伏図・各階床伏図・小屋伏図・構造詳細図・構造計算書などがあります。

これらの書類があるかどうかを確かめます。

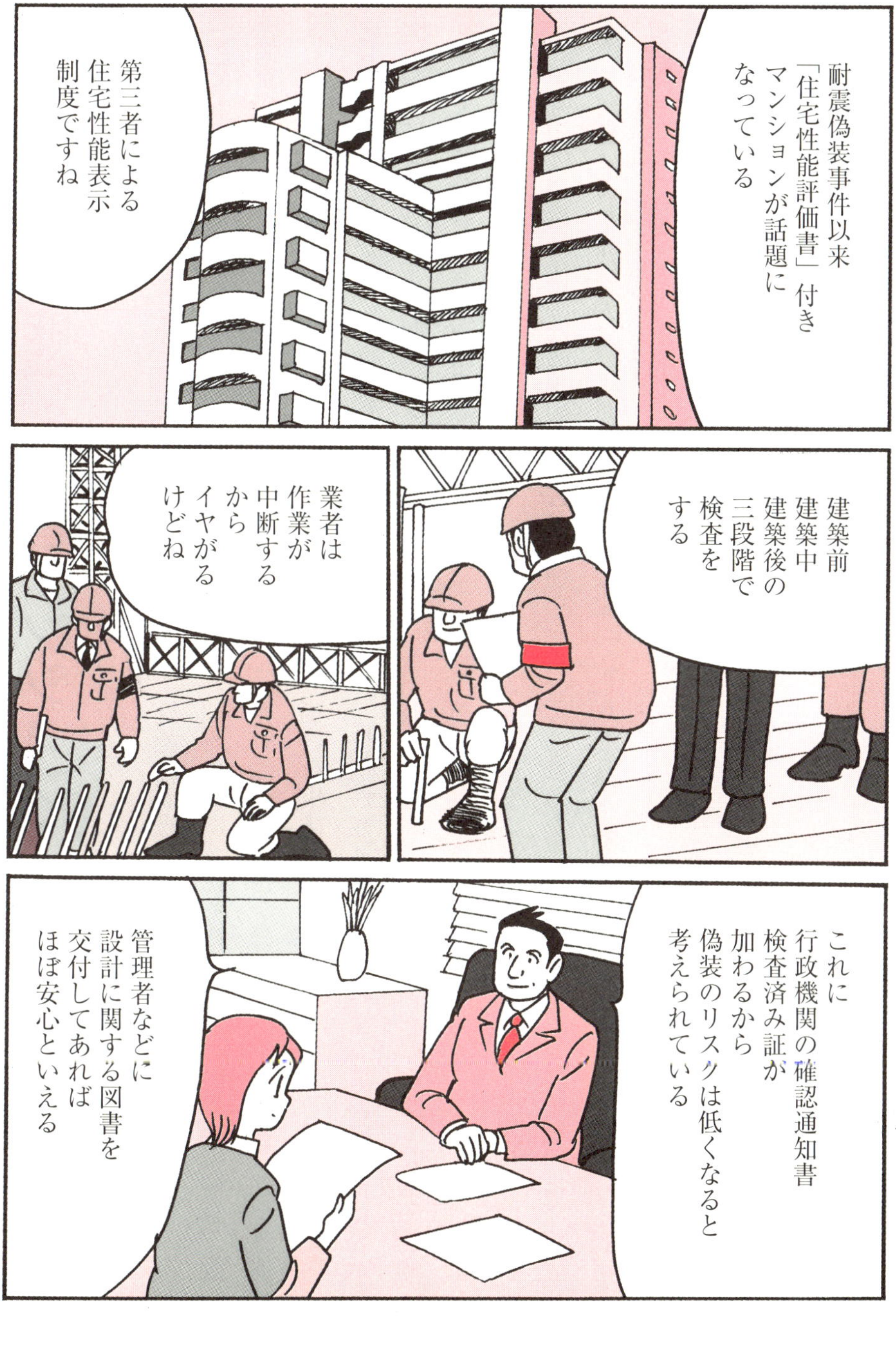
耐震偽装事件以来「住宅性能評価書」付きマンションが話題になっている
第三者による住宅性能表示制度ですね
建築前建築中建築後の三段階で検査をする
業者は作業が中断するからイヤがるけどね
これに行政機関の確認通知書検査済み証が加わるから偽装のリスクは低くなると考えられている
管理者などに設計に関する図書を交付してあればほぼ安心といえる

9 性能評価付きマンション！

平成17年11月17日公表の千葉県船橋市の建物に端を発した耐震偽装マンションのうち、住宅性能評価書が付いたマンションは1件しかありませんでした。

〝住宅性能評価書〟は、品確法に基づいて任意の申請者に交付されますが、マンションの場合は登録している分譲業者が申請をします。

これについて少し述べます。

評価方法は、設計住宅性能評価申請書およびその添付図書により評価を行い、問題がなければ設計住宅性能評価書が交付されます。

さらに、建設住宅性能評価申請書およびその添付図書、施工状況報告書、工事現場にある設計住宅性能評価書等の図書を評価し、現場検査では、検査時期に実地に行い、問題がなければ建設住宅性能評価書が交付されます。

要するに、住宅性能評価書の申請の場合、設計住宅性能評価書が交付された後、建設住宅性能評価書を申請します。

住宅性能評価書があれば、性能評価書に表示された性能がある住宅を契約したことになるため、建設会社はその性能を有する工事をしなければならず消費者にとっては安心でしょう。

これらを審査する住宅性能評価機関は、平成19年5月末現在で全国に１１０社が存在し、利用しやすくなっています。

しかし、品確法では、たとえマンション分譲であっても、分譲業者に住宅性能評価書の申請を義務づけているわけではないため、注意が必要です。

住宅性能評価書は
品確法に基づいて
申請者に交付
されるものだ
マンションの場合は
分譲業者が
申請している
どういう
評価基準
なのです？
設計住宅性能評価申請書
および添付図書
により評価
建築住宅性能評価申請書
および添付図書
施工状況報告書
設計住宅性能評価書
などで評価
さらに
現場検査
評価機関は
全国に
110社ある

10 瑕疵の基準がない！

平成12年10月より開始した住宅性能評価書の交付件数は、平成20年5月23日現在、設計住宅性能評価書交付の累計で１１３万５、４５５戸に上っていることがわかりました。

多くの消費者はしっかり活用しているのです。それでも、建物には瑕疵がなくなるわけではありません。

残念ながら、日本には「これは瑕疵である」と判定する技術基準を定める法律は存在しません。

このため、〝住宅の瑕疵〟という場合に、分譲業者側と消費者側との間で意見が食い違います。「この程度ならマンションの瑕疵ではありません」と言って補修をしない業者が目立っています。

このようなときには、弁護士に依頼すると費用が大変なので、建設住宅性能評価書の交付されたマンションでは、国が指定する「指定住宅紛争処理機関」をわずかな費用で利用できます。

弁護士１名を加えた紛争処理委員は紛争処理専門家ですから、誠意のない分譲業者であった場合にも安心して依頼をすることができます。

申請費用はわずかに１万円。

ただし、当事者の希望により行った証人喚問や鑑定等に要する費用は、その希望者が支払うことになります。

にもかかわらず、このような住宅性能評価書の申請をしないマンション業者が不動産取引の当事者である場合、注意が必要です。

マンション取引時には、「住宅性能評価書付きですか？」と売主に必ず聞くことが大切です。

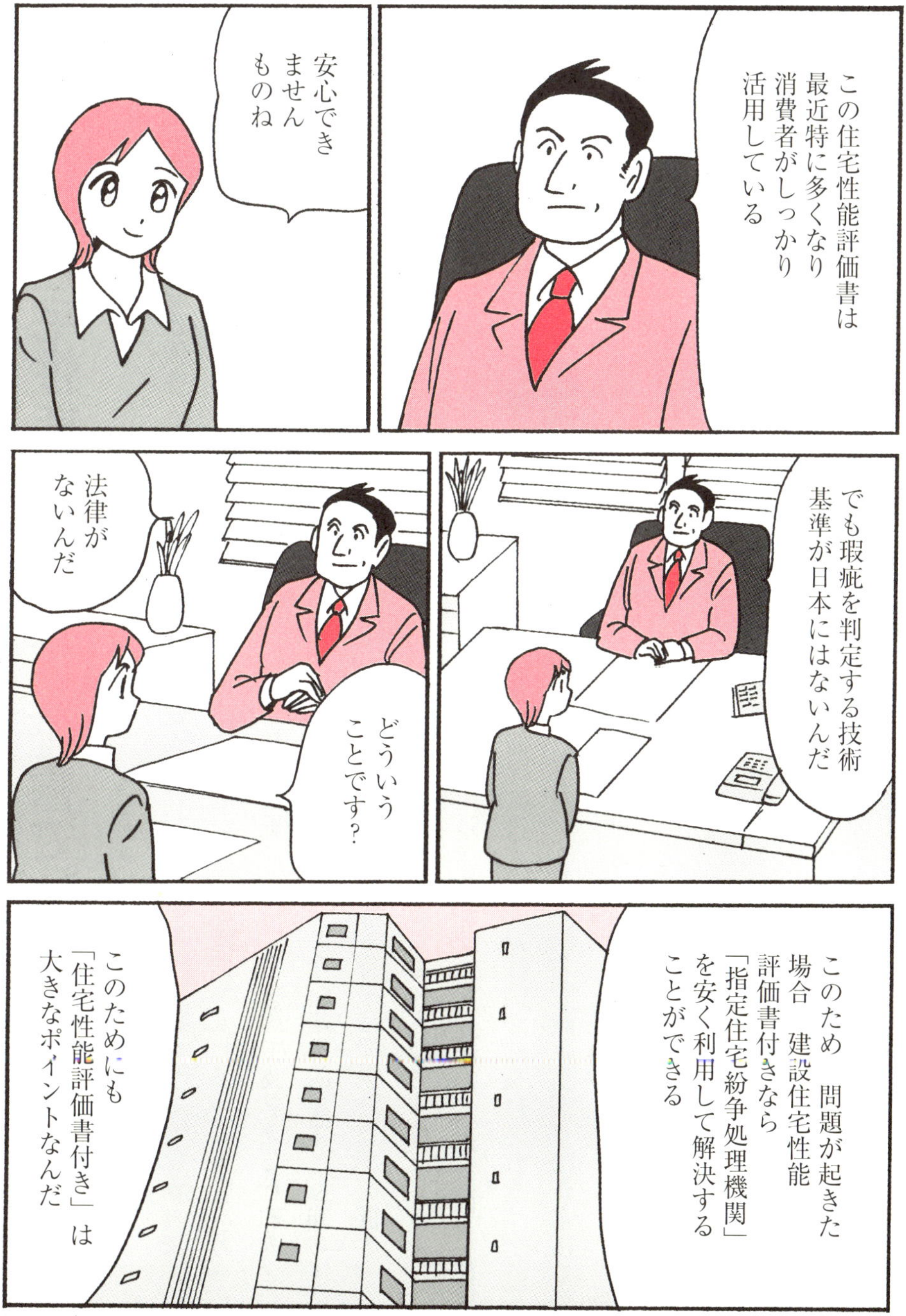
この住宅性能評価書は最近特に多くなり消費者がしっかり活用している
安心できませんものね
でも瑕疵を判定する技術基準が日本にはないんだ
どういうことです？
法律がないんだ
このため 問題が起きた場合 建設住宅性能評価書付きなら「指定住宅紛争処理機関」を安く利用して解決することができる
このためにも「住宅性能評価書付き」は大きなポイントなんだ

11 住宅性能評価書は保証書ではない！

実は、この〝住宅性能評価書〟を〝住宅性能保証書〟と思い込んでいる人が多い。

これは、業者が「性能を有するように住宅の工事をする義務がある」ということを示す書類です。

実は、宅建業法では、「住宅性能評価書の有無」については業者に説明義務がありますが、「住宅性能保証制度」そのものについては法制度が施行されていないため、説明をしないというのが現実でした。

したがって、多くの消費者の場合、住宅性能保証書についての説明を聞かされておらず、存在すら知らない方も多い。

2006年12月20日になって、はじめて「住宅性能保証保険契約の締結の有無」を建設業者、宅建業者に説明することを義務づけたばかりです。

分譲主が保証保険に加入している場合、万一、隠れた瑕疵があっても保険で支払える仕組み。

ところが、このような基本的なことも知らずに購入した消費者が、将来は売主となって既存マンションを再販することにもなります。

保証保険契約が締結されている場合は、「住宅性能保証書」が登録機関から交付されます。

先程の、この「住宅性能評価書」は非常に重要な書類ですが、「性能を有する住宅を引き渡す契約をした」というにすぎない証明書です。

あくまで、当事者の〝住宅の性能に関する契約書〟なのです。

ですから、「住宅性能評価書があるから」と、消費者を安心させるような営業はリスクが高い。

でも　この「住宅性能評価書付き」は万能じゃない
これがあるから安心ですとはいってはいけないのだ
住宅性能評価書
住宅性能評価書
住宅性能評価書は保証書じゃない
性能を有するように住宅の工事をする義務がある
ということを示す説明書だ
06年12月に初めて「住宅性能保証保険契約の締結の有無」の説明義務が決められた
住宅性能評価書
住宅性能
保証書
住宅性能保証書と住宅性能評価書は別ものであることを説明しなくてはならない

12 倒産しても95％の保証！

国土交通省の「瑕疵保証のあり方に関する研究会」（座長　金本良嗣氏）が平成16年6月より研究を始め、「特定住宅瑕疵担保責任の履行の確保等に関する法律」が平成19年5月30日に公布されましたが、施行は平成21年10月1日まで待つことになります。

残念ながら、法律としては、「瑕疵保証制度」や「住宅性能保証制度」が施行されているわけではありません。

日本には、住宅金融公庫（２００7年4月1日、住宅金融公庫は独立行政法人住宅金融支援機構に変更。以下「住宅金融支援機構」）が認めた住宅性能保証会社が全国に10社存在します。

このうちで、国の補助金交付を受けているのは1社だけです。

この会社は、国の補助金累計約4億円の交付を受けて、「住宅性能保証業務」や「住宅性能評価業務」などを事業としている財団法人住宅保証機構という組織です。

資産は、平成17年3月現在で１５４億円とずば抜けており、これまでに「住宅性能保証登録」をした住宅件数は平成20年5月31日現在で約１３０万戸あり、多くの消費者が「住宅性能保証書」を取得しています。

この会社の住宅性能保証制度では、欠陥などがあれば、通常、登録している業者が80％弱の範囲で保証する仕組みです。万一、その業者が倒産した場合でも、財団法人住宅保証機構から95％弱の保険金が支払われます。ただし、10万または50万円の免責があります。

保証はないのですか？
法律では瑕疵保証制度や住宅性能保証制度が施行されていない
ただし、日本で唯一国の補助金交付を受けた「財団法人住宅保証機構」という組織は95%の保険金を支払うところだ
住宅性能保証登録をした住宅は20年5月31日現在で130万戸にのぼっている
登録業者の住宅で万一　欠陥があれば80%の保証をし会社が倒産しても95%の保険金が支払われる

13 住宅金融支援機構認定の瑕疵保証機関！

この住宅性能保証機関を利用している場合は、住宅金融支援機構の融資の際に、基本融資の60％を基礎配筋の工事確認後に早期受領をすることができます。

また、都市銀行などの指定金融機関では、住宅ローンの融資手数料が不要になるなどの住宅ローン優遇措置を受けることができるなど、特典も多い。

いずれにしても、この住宅性能保証書はマンション分譲業者などの業者が保証機関に登録して申請することになります。

したがって、今後は、売買契約締結時に、「住宅保証機構の保証住宅」などと条件を付けて、不動産購入を申し込む消費者が増えてくる可能性があります。

このような顧客の場合は、売主に対して、「住宅性能保証書は発行されますか」と聞く必要があります。

この質問をするときに、大切なことがあります。

それは、この保証書が、「購入者が第三者に転売しても保証を継承する」ことを確認する必要がある、ということです。

必ず、分譲主の承諾が必要になりますので、買主に説明をする必要があります。

現在、住宅保証機構に登録している業者数は、平成17年11月現在で４万３３７社あります。

言い換えれば、このような住宅性能保証会社に登録さえしていない分譲業者も数多いので、不動産取引の場合は注意が必要です。

この住宅性能保証機関を
利用していれば
住宅金融支援機構の
融資の際　基本融資の
60％を　基礎配筋の
工事確認後に早期受領
できる
また　指定金融機関で
住宅ローンの融資手数料
が不要になるところもある
メリットが
ありますね
今後は
売買契約締結時に
「住宅保証機構の保証住宅」など
という条件が
付く物件が重要視される
この保証書は
第三者に転売しても
有効だ

14 住宅性能保証の仕組み！

日本最大の財団法人住宅保証機構の住宅性能保証制度の仕組みについて、簡単に述べておきます。

住宅性能評価書は品確法に基づく性能表示ですが、住宅性能保証制度は平成21年10月１日までは法律に基づかない第三者保証制度です。

性能保証の対象となるのはすべての住宅です。

財団法人住宅保証機構に登録する業者が保証費用を支払い10年間保証をします。保証金額は通常は80％弱です。

万一、登録業者が倒産をしたときは、財団法人住宅保証機構が95％弱を住宅取得者に支払います。

柱や梁などの住宅の構造耐力上主要な部分と雨水の浸入を防止する部分に関しては、完成引渡しから10年間保証し、これらを長期保証といいます。

保証期間については、マンション専有部分は引渡し日より５年。共用部分は長期保証部分で10年となります。

保証書発行のために、〝住宅性能保証設計施工基準〟に適合していることが条件になります。

このため、現場審査は、マンションなどの場合は、最低でも３回の審査があり、４階以上の高層建築の場合は階数により現場審査が追加されます。

検査が終了して建物完成後に、「住宅性能保証制度の保証書」が財団法人住宅保証機構名で発行されます。

販売時に保証書付き分譲マンションとしている場合を除き、後から保証書は発行されません。

住宅保証機構の住宅性能保証制度のしくみってどうなっているのです？
この機構に登録した業者が保証費用を払うと10年間保証する
柱や梁など構造上主要部分や雨水浸入防止などに関しては　完成引渡しから10年間の長期保証
マンション専有部分は5年共用部分は10年
これには住宅性能保証設計施工基準に適合していることが条件だ
現場審査は最低でも3回 4階以上の高層建築の場合は階数により現場検査が追加される

15 継承が可能な性能保証

この住宅性能保証は、第三者にマンションの所有権移転の売買をしても、登録業者に手続きさえすれば継承することができます。

通常の保証においては、第三者に転売したときはその効力がなくなります。

したがって、このようなマンション保有後の資産価値は高いものとなります。

入居後に、住宅の不具合が発見された場合は、登録業者に連絡をして補修等の工事を無料で申請することができます。

言い換えれば、住宅性能保証付きマンションであって第三者転売による名義変更を登録業者が承認しているような物件は、非常に再販しやすい物件ということになります。

また、住宅性能保証制度利用住宅への住宅ローン優遇措置の実施金融機関が、都市銀行などをはじめとしてあり、さまざまな特典があります。

たとえば、ある地方銀行では売買価格の１００％ローンを組むことができるほか、大手都市銀行の一部ではローン手数料を免除してくれます。

その他、住宅ローン金利の優遇措置も実施されています。

このように、マンション契約時における有利な点や、将来の売却時において保証を継承できるなど多くの特典があります。

今や消費者は、このような保証付き住宅を選択して、自己責任でトラブルを処理できる時代に入りつつあると考えられます。

第三者に転売しても性能保証が続くのは大きなメリットですね
こういうマンションの資産価値は高いし再販もしやすいといえる
この住宅性能保証制度利用住宅へは金融機関の優遇措置がある
例えば100%ローンやローン手数料免除や金利優遇のところもある
今の消費者はこうした保証付き住宅を求め自己責任でトラブルを処理しようとしているんだ
新しい時代ですね

16 石綿製品の全面使用禁止？

２００７年9月7日、厚生労働省は「都道府県別に見た中皮腫による死亡者数の年次推移（平成7年～18年）」（人口動態統計）を発表しました。

これによると、石綿が原因とされる中皮腫による死亡者数は平成18年度だけで１、０５０人に上り、遂に、１、０００人を突破したことがわかりました。記録を始めた平成7年度以降の累計では、８、７２４人となり、あと2年で1万人を超える可能性が出てきました。

年間１００人を超える死者数を出している都道府県は、大阪府と兵庫県の2府県です。

すでに、石綿（アスベスト）の有害性については、「石綿粉じんを吸入することにより石綿肺・肺がん・悪性中皮腫などの健康障害を生じるおそれがある」と厚生労働省労働基準局は警告しているところです。

これまでに、石綿の9割以上が建材に使用され、住宅の屋根・外壁・外装・間仕切り壁・内装などに利用されているため、２００６年9月1日、労働安全衛生法施行令を改正施行し、「石綿を含有するすべての物の製造、輸入、譲渡、提供又は使用（以下「製造等」という。）を禁止」することになりました。

しかし、２００６年10月1日の建築基準法改正では、石綿製品のなかでも〝飛散するおそれのある石綿製品のみ〟を使用禁止にしたにとどまりました。

通常の建築物には石綿含有建材が紛れ込んで建築確認が出される可能性が残されていることになりますので、断定的な説明には注意が必要です。

しかし住宅性能といっても石綿（アスベスト）の問題はまだ残っている
え　アスベストの使用は禁止になったのでは？
06年10月の建築基準法改正では石綿の中でも飛散しないものは使用禁止になっていないのだ
06年9月には石綿の製造や輸入　使用が禁止になってます
労働安全衛生法と建築基準法では法の内容が違うのだ
石綿が原因とされる中皮腫による死亡者は2年後は1万人を超える可能性があるという

17　取引にエスクローが必要！

実はアメリカの多くの州では、エスクロー免許法が制定されています。

そこでは、売買の仮契約をしたのち、買主には約10日間の自由な検査期間を契約でデューデリジェンス・ピリオドとして保証されています。

約10日間は、買主が自分の判断で自由に住宅性能検査機関などに検査を依頼することができるのです。

買主は不動産取引をしたいときは、エスクロー会社に０・５％程度の申請費用を指定口座に支払い、手付金も指定口座に支払います。

手続きを進めている間に、万一、トラブルが起きて分譲業者が倒産しても、支払った手付金などは取引完了までエスクロー口座に供託されているため、全額が返還されます。

そして、さまざまな専門検査機関の存在をエスクロー会社から知らされることになります。

もしも、これが日本であれば、「この制度を利用すれば、10年間の住宅性能保証制度を受けられる」と。

これらの契約から引渡しまでの間の不動産取引全体を視野に入れて取引審査内容を情報開示する〝第三者取引審査機関〟が必要になっています。

売主にとって都合の悪い検査機関があったとしても、このエスクロー会社を利用すれば、消費者は取引に必要な重要な情報を得ることができるのです。

これを私は、第三者取引審査制度（日本版エスクロー制度）と呼んでいます。

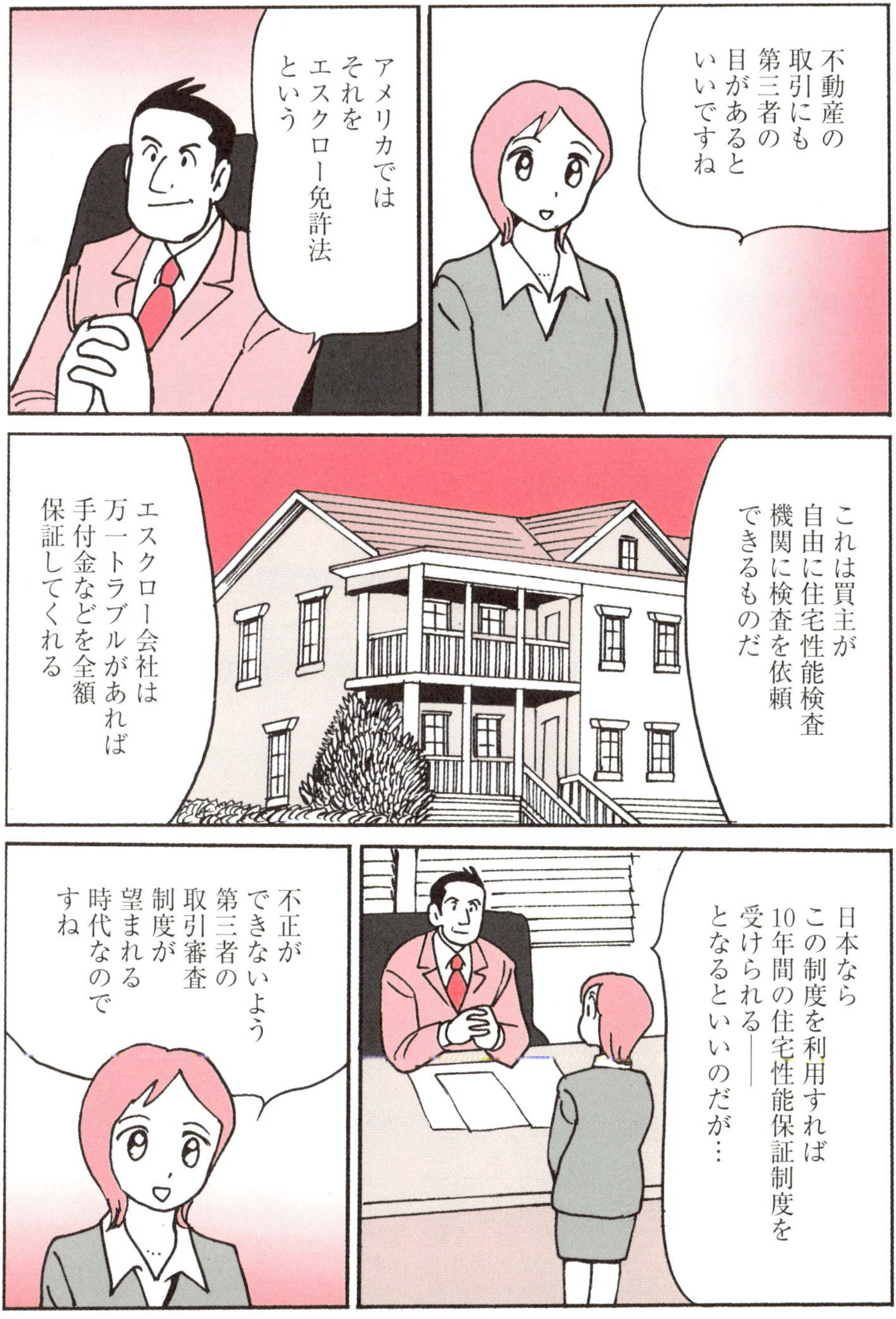
不動産の
取引にも
第三者の
目があると
いいですね
アメリカでは
それを
エスクロー免許法
という
これは買主が
自由に住宅性能検査
機関に検査を依頼
できるものだ
エスクロー会社は
万一トラブルがあれば
手付金などを全額
保証してくれる
日本なら
この制度を利用すれば
10年間の住宅性能保証制度を
受けられる——
となるといいのだが…
不正が
できないよう
第三者の
取引審査
制度が
望まれる
時代なので
すね

マンションの管理チェックリスト　（1）

調査日　　　年　　月　　日
担当者

1．表題部に関する事項		
規約共用部分の登記事項証明書		□　あり　□　なし
2．権利に関する事項		
土地の登記事項証明書添付		□　あり　□　なし
		□　あり　□　なし
3．管理組合及び規約に関する事項		
管理組合の名称	（　　　　　　　　）	
管理規約の有無		□　あり　□　なし
使用細則		□　あり　□　なし
ペットや内装工事の規約変更予定の有無		□　あり　□　なし
月額管理費等の変更予定		□　あり　□　なし
費用を特定の者にのみ減免する規約の定め		□　あり　□　なし
専有部分の規約	（第　　　　条）	
共用部分の規約	（第　　　　条）	
4．管理業務の委託方法に関する事項		
委託の有無		□　あり　□　なし
管理形態	（　□自主管理　□一部委託　□全部委託　）	
委託の内容	（　□清掃　□管理費徴収　□機械等の保守　□その他　）	
管理会社	名称・称号	
	住　　所	
	電 話 番 号	
登録番号		
管理人の勤務方法	（　□常駐　□日勤　□通勤　□その他（　　　）　）	
管理人室	電 話 番 号	
緊急時連絡先	名称・称号	
5．計画修繕に関する事項		
計画修繕の最近の記録		
計画修繕工事計画の予定		
計画修繕工事計画負担金の有無		
6．諸設備の使用に関する規約の有無		
バルコニー		□　あり　□　なし
ルーフバルコニー		□　あり　□　なし
駐車場		□　あり　□　なし
駐輪場		□　あり　□　なし
専用庭		□　あり　□　なし
専用倉庫		□　あり　□　なし
テニスコート		□　あり　□　なし
ペット禁止条項		□　あり　□　なし
内装工事・フローリング規制		□　あり　□　なし

第2章 新築マンションの調べ方（1）周辺環境編

1 周辺環境の調べ方

不動産取引においては、さまざまな種類の不動産トラブルが潜んでいます。

すでに述べたとおり、「不動産の瑕疵」という言葉自体が宙に浮いており、法律で「このような場合は瑕疵」という定めが、日本にはありません。

また、建物の欠陥のほかにも不動産トラブルが存在します。

悪質業者にかかれば、「釣った魚に餌はいらない」などと「販売後の経費にはお金はかけない」と言います。

行政から「是正命令が出てから手直しをすればいい」と考えている業者もいます。

結局、責任があいまいなまま、消費者は不動産トラブルに巻き込まれていきます。

不動産トラブルは建築物に関する事項のみではないのです！

では、どうすればいいのでしょうか？

契約前に、不動産を調査する技術を仲介業者が身につけるしかありません。

少し例をあげますと、床上浸水の被害・土壌汚染・暴力団の争い・自殺・火災死亡事故・地盤沈下・石綿工場被害紛争・入居者間の争い・建替えのできない不適格の新築マンションなど数え上げたらきりがありません。

本章から、個々の具体例を交えながらできるだけわかりやすく、マンション取引の際の調べ方のノウハウを述べていきます。

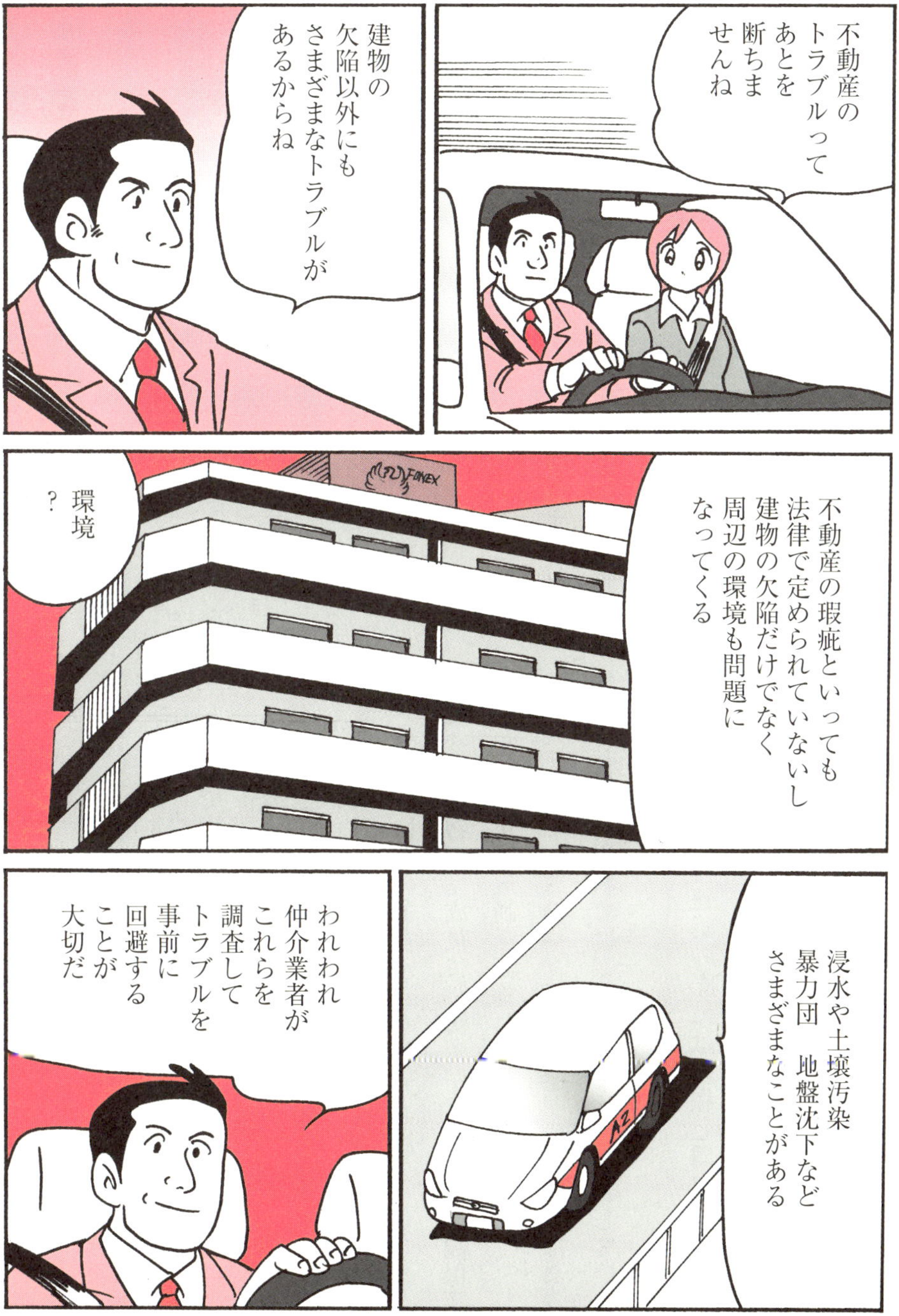
不動産のトラブルってあとを断ちませんね
建物の欠陥以外にもさまざまなトラブルがあるからね
不動産の瑕疵といっても法律で定められていないし建物の欠陥だけでなく周辺の環境も問題になってくる
環境？
浸水や土壌汚染 暴力団 地盤沈下などさまざまなことがある
われわれ仲介業者がこれらを調査してトラブルを事前に回避することが大切だ

2 既存不適格の新築マンション！

景観のいい緑豊かな南側の斜面に分譲マンションが建っている！

よく見ると、北側から見れば2階建てマンション。

南側から見れば5階建てマンションです。

これは、斜面を利用して建設されたマンションです。

当時は、地元の市では、景観を保全するための建築規制の法令がなかったために、分譲主に対しては建築計画に対して、「近い将来、建築規制をする予定がある」として、〝指導のみ〟を行っていました。

しかし、民間確認検査機関でもマンションの建築確認を取得できることから、分譲主は、指導の厳しい市に建築確認申請を出さずに、民間確認検査機関で建築確認を申請し、確認を取得して建設したのです。

市が新しい法令を計画して景観保護を検討中であったとしても、それらには関係なく、民間確認検査機関は、現在、施行中の法律のみで建築確認を出してしまいます。

その建物が完成後に、法令ができて、景観保護のための建築規制を実施しました。

こうして、このマンションは、建築確認はあるけれども、現状では、建築基準法に適合していません。

つまり、「再建築の際には現在と同規模の建物は建てられない」という〝不適格建築物〟といわれる建物になったのです。

2階建てできれいなマンションですね
そうかな?
あ
ウラから見ると5階建てだ
斜面につくったマンションだ
市の法令改正の前に駆け込みで工事を進めたんだね
民間の確認検査機関で建築確認を申請して建てたんだ
しかし市の法令が改正されてこの建物は建築基準法違反になってしまったのだ
建替えが難かしくなりますね

3 眺望景観のいい建物は景観を阻害！

分譲マンションといえば、一般に、眺望や景観のよさがキャッチフレーズとなっていますが、眺望や景観のいい地域の地元住民にとっては、マンション建設ほど景観を破壊するものはありません。このような眺望や景観のいい地域では、マンション建設反対運動が起きていることがあります。

また、市区町村において、景観や眺望を保全するための都市計画の変更予定を公表していることもあります。

悪質なマンション分譲業者は、このような都市計画の変更計画を知りながら、法律施行の前に、駆け込むように建築確認を取得して建設します。

実際の説明では、「将来は、都市計画やその他の法律が変更になる場合があるため、再建築の際に、現在と同規模の建物が建てられない場合があります」などと、いかにもあいまいな表現で説明をして販売をする業者もいます。

このような説明では、「建替えの際には、現在と同規模の建物の建築ができず、しかも、半分以下の延べ床面積になる」という事実を隠蔽したことになります。

このマンションは資産価値も半減します。

本来は、「市では都市計画変更の予定あり。万一、変更された場合は、本件建物の再建築の際、現在と同規模の建物を建てられない場合がありま す」と、説明をしなければならないのです。

周辺地域の住人に「このマンション建設では特に問題はございませんでしたか？」と聞きます。

地元での聞き取りが大切になります。

日照を守れ!!
高層マンション反対
ここにできるマンションは高層だ
こんなところに!?
マンション住人は景観がいいだろうがわしら住民にとってはめいわくな景観じゃ
ガガン
あの業者は市の都市計画変更を知っていたのに施行前に建築確認をとったのだ
悪どいわ
わしらの声が届かなかったのは無念だ
マンションの建替えは現行規模を維持できないし資産も半減する
それに住民ともうまくいかずデメリットばかりだ

4 マンション周辺に石綿工場！

現在も石綿含有製品を製造している企業の工場は全国に13工場もある！

この数字は、平成18年9月1日、石綿の製造・輸入・譲渡・使用・販売の全面禁止をした直後に、環境省が公表したデータです！

もしも、マンションの周辺地域に工場などがある場合は、大気環境の状況に気をつける必要があります。

石綿は特定粉塵として規制対象となっており、「石綿障害予防規則」により工場作業内での安全作業を詳細に義務づけています。

死亡者が出ている石綿工場なのかどうか、ということは重大な関心事です。

完成したマンションであれば、室内や廊下から工場が見えるので、工場のおおよその位置がわかります。

また、法務局には、ほぼ最新の住宅地図が常備されています。

地図の見方は、1頁の地図を縦に見て、左端から右端までは歩いておおよそ5分の距離です。

もしも近隣に工場などがあれば、その工場の住所を控えておきます。

工場の住所がわかれば、市区町村の環境対策を担当している課に行きます。

「この工場はどのような工場か教えてください」と聞くのです。

住民紛争などになっているような場合は、たとえ明確な答えが出なくとも、健康被害の可能性に関する情報を入手することができるものです。

法務局
あの工場はここだ
マンションから近いですね
どんな工場か市の環境課に行って調べよう
環境課
石綿工場ですか!?
死亡者も出している工場で住民紛争もありました
マンション購入者に対しては十分な説明が必要だ

5 浸水被害のあるマンション！

「山々に囲まれた閑静な住宅地に建つマンション！」

こういうキャッチフレーズに日本人は弱いですね。

こういう場合は、自然の地勢に気をつけなければなりません。

まず、山々に囲まれた環境は谷間に位置していることが多く、盆地のような場合もあります。

谷間は山々から流れ出た水が集まる場所で、河川となって下流へと続いている場合が多い。

こんな事例があります。

大雨で下水道が溢れて道路が冠水し、マンション所在地域が床上50㎝の浸水となってしまいました。このために、車が通れずに家に帰ることができなかったという事例です。

下水道が普及していない地域では、過去に浸水被害が生じていることが少なくありません。

もちろん、下水道が普及していても道路冠水が起きることもあります。

浸水被害の情報については、地元住民に聞くことで知ることもできます。

また、市役所の防災対策を担当している課で知ることができます。

市役所の防災対策の担当課で、「過去の浸水被害記録を教えてください」と聞きます。

もしも、「過去に浸水被害」があり、「床上浸水50㎝」などといった記録があるような場合、いつ頃に起きたことなのかを必ず聞きます。

このとき、必ず、「その後は大丈夫ですか？」とあわせて質問をして確認することが大切です。

緑に囲まれ環境のいいマンションですね
そうかな?
?
ここらは谷間だから10年前も床上浸水にあったよ
えー
地元の人に聞くとわかりやすいですね
念のため市役所の防災課で調べてみよう
10年前の災害後治水工事が行われその後は大丈夫です
ほっ

6 階段を新設するマンション！

「道路の状況が、波を打ったように通行する車の跡がある」

　このように道路が変形しているということは、この地域の地盤が軟弱地域であるということを表しています。

　環境省が２００７年11月29日公表した「平成18年度の全国の地盤沈下区域の概況」によると、平成18年度までに地盤沈下が認められた地域は61地域であることがわかりました。

　ここで気をつけなければならないことがあります。

　それは、地盤沈下の問題です。

　軟弱地盤の地域では、おのずと地盤沈下が起きやすいのです。

　マンション建設後に、地盤沈下が起きたら、どうなるでしょうか？

　東京ディズニーランド周辺の浦安や、行徳地区の海岸線付近に行ったことのある人はご存じだと思います。

　海岸線の住宅地に建つ多くのマンションの入り口には、真新しい階段が新設されていることがあります。

　マンション新築時にはなかった階段です。

　このような場合は、不動産価値が下落し、資産価値が減少します。

　地盤に異常が生じているマンションの調査では、地盤沈下の状況をデジタルカメラなどで写真にして、重要事項説明書に「敷地の現況写真」として添付して説明をすることが大切です。

なんだか道路が波うっています
軟弱地盤だ
Lions Hall
あのマンション入口には新しい階段がある
この付近は地盤沈下が激しいようだ
デジカメで撮っておき重要事項説明書に添付して十分な説明をしなくてはならない

7 南側の空き地に高層マンションが！

入居した後に、突然、南側空き地に高層マンションが建つと知らされた！

このような話はよく聞かされます。

マンションの価値は、高層階に行けば行くほど眺望がいいので不動産評価が高いものです。

エレベータ付きの高層マンションでは5階以上は2階上がるごとに1％の不動産評価が上がっていきます。

マンションの調査では、マンションが建つ予定地の周囲に、大きな敷地が空き地のままになっていないかどうかを、心配する必要があります。

建築確認申請の当初に、「空き地には何が建つか」を調べた後、売買契約直前に、再度、同じ調査をしない業者もいます。

このようなマンショントラブルに巻き込まれないためにはどうすればいいでしょうか？

まず、市区町村の宅地開発などの指導を担当する課に行きます。

そこで、「物件所在地とその周辺で開発許可や申請はありますか？」と聞きます。

ここでの担当者の回答には、もちろん記録が残らないものが多いので、聞いた担当者の名前を必ず聞いてメモして保存します。

この聞き取りをした証拠が大切です。

こんな事例があります。

「業者が販売前の調査時に、隣接地の所有者は個人なので、その土地上に建築計画があることは知りえなかった。したがって、知りえないのだから、業者に開発計画の有無の説明義務はない」という判決もありました。

マンション建築予定地だ
この敷地の南側は空地ですか？
いや個人の土地です
将来売却すれば何か建つかもしれませんね
役所の宅地課などで開発申請などを調べておこう
個人の土地のことは現時点では不明だ
しかしこのことも説明しておくべきだろう
建築確認の申請時と売買契約直前にも空き地の状況を
調べておく必要がある

8 〝がけ〟のチェックマニュアル！

急斜面や丘陵地などに、建設されているマンションは、元来、眺望や景観に重点を置いて建設していることが多い。

したがって、マンション敷地には〝がけ〟に隣接していることがあります。

ところで、地域差はありますが、30度を超える傾斜で２ｍを超えるものを多くの市区町村では〝がけ〟といっています。

30度というのは、手のひらをうんと開いて中指と人差し指の間の角度です。

このような〝がけ〟に接している場合は、通常、安全な擁壁がなければマンション建築の許可は出ません。

しかし、既存の〝がけ擁壁〟を利用してのマンション建設の場合は、必ずしも、安全であるという保証はありません。

国土交通省が地方自治体に配布している「宅地擁壁老朽化判定マニュアル」から、誰にでも簡単にできる〝がけ〟擁壁のチェック方法の主なものをここに述べておきます。

① 擁壁から水がしみ出て湧水がある。
② 水抜き穴がない。
③ 水抜き穴があっても内径75㎜に満たない。
④ 亀裂が多数発生している。
⑤ ふくらみやタワミがある。
⑥ 排水用のＵ字溝がない。

このような症状が〝がけ〟に複数ある場合は、マンションがたとえ建築確認を取得していたとしても、是正命令が出される可能性があります。簡単なノウハウなので覚えているといいでしょう。

このマンションのうしろはガケですね
30度以上あり高さ2ｍを超えている
擁壁から水が出ている
水抜き穴がない
あっても内径が75ミリ以下
擁壁に亀裂が多い
ふくらみやタワミがある
排水用のU字溝がない
これらがあてはまるガケは要注意だ
たとえ建築確認を取得していても是正命令がでる場合がある写真にしておこう

9 眠れない店舗付きマンション！

「1階部分にはスーパーが入る計画になっています！」

〝生活がとても便利になる〟ことをキャッチフレーズにしたマンションが売られています。

ところが、スーパーではなくてカラオケ店やペットショップが入り、深夜、騒音で眠れない、ということがあります。

店舗居住者とマンション居住者との間で店舗営業の内容についての紛争が起きている事例は数多くあります。

どこに問題があるかというと、店舗入居者の業務内容に関する「マンション管理規約」で、「居住者の承諾を必要とすること」という規約を定められていない場合に、紛争が起きています。

「店舗入居者が業務を行う場合はマンション管理組合の承認を得ること」と、取り決めのある管理規約が存在するかどうかで、マンション分譲主の心遣いが見えてきます。

しかし、どんな商売も成り立ちにくい地域の場合は、いつまでたっても店舗部分が空室となる場合があります。

最終的に、入居者の意向にそぐわない業者が営業を始めることもあるのです。

店舗付きマンションでは多くの問題を残すため、マンション調査の際には、管理規約の内容をチェックすることが大切です。

分譲主に対しても、マンション管理規約に記載された店舗の使用方法についての使用細則を確かめておくことが大切です。

管理規約は見落しやすいので注意が必要です。

うわー　このマンション　1階が　カラオケ店　ですね
入居者は　うるさい　だろうな
管理　規約が　ないのかな
駅前
通常は　居住者の　承諾が　必要　なんだが
店舗付き　マンションは　管理規約の　内容をよく　チェックする　必要が　ある
コンビニ　だったら　便利かも　しれないけど…

10 土壌汚染を隠したマンション分譲!

2004年10月に、大阪市内のマンション分譲の際、過去の土壌汚染の事実を隠蔽したとして業者に家宅捜査が入りました!

土壌汚染の可能性があり、周辺住民に健康被害を及ぼす可能性があれば、市区町村が土壌汚染指定区域に指定する場合があります。

調査先は、市区町村の環境対策の課と下水道維持担当課です。

そして、「この場所には昔、有害物質を扱う工場や会社がありましたか?」と聞きます。

分譲主からの説明がないのに、役所からは「有害物質を扱う会社の記録があります」などという回答が返ってくることがあります。

「ガソリンスタンドです」「○○メッキ化学工場です」などと回答が出ることもあります。

ただ、ガソリンスタンドの場合だけは、土壌汚染対策法の網にはかからないために、土壌汚染の指定ができません。

そのため、土地所有者が個人的に修復や土壌改良などをして届け出ていることが多い。

過去に、土壌汚染していた土地は、たとえ「土壌改良した土地」であっても不動産評価が下がりますので、気をつけなければなりません。

また、本下水道の区域では、下水道の維持管理担当課で調べます。

「この敷地ですが、有害物質使用特定施設の記録はありますか」と聞きます。

下水道法でも、有害物質を使用する企業は届出を義務づけられていますので、環境対策の課とともに、調査先を予定しておきましょう。

環境対策課
昔 有害物質を扱う工場などありましたか？
この土地ですが
メッキ化学工場でした
今は土壌改良をしてありますが
しかし不動産価値は下がるな
下水道維持管理課
有害物質使用特定施設の記録はありますか？
これです
やはりこの土地は問題があるな

11 反対運動が続くマンション分譲！

見渡す限り一戸建て住宅が立ち並ぶ住宅街において、〝マンション建設反対〟の立て看板がある地域で分譲販売されている！

よく聞きますと、その反対意見は、工事中の地域住民の安全確保や工事中の騒音対策などがありますが、なかには、町並みなどの景観が破壊されるから、といったものまでさまざまです。

ほとんどの市区町村では、建築確認申請の前に、事前に地元住民に対して建築計画を説明するよう、中高層建築物の条例などで規制をしています。

ですから、建築確認が得られる段階では、分譲主と地域住民との間で話し合いが終了していることが前提となります。

しかし、建築確認申請の前にマンション建設計画を〝地元住民に説明する〟ことを条件としていますが、多くの場合、「同意を得なければならない」ということではありません。

地元の同意が得られないまま、見切り発車をして分譲販売が開始されることもあります。

そして、反対運動が大きくなりすぎたために分譲主がやむなく計画変更をすることもあります。

そうすると、当初の販売チラシとはまったく違ったものが最終的に建設されるという最悪の事態も発生します。

したがって、マンション建設反対運動があるような物件調査の場合は、地元自治会などで「どのような理由で反対されているのですか」と聞き取りをすることが大切です。

地元の反対運動ほど怖いものはありません。

景観を守ろう！
条件無視の10階建てマンショ
即刻建設工事を中止せ
この町でもマンション建設反対ですよ
○○町自治会長
どのような理由でしょうか？
町並みの景観にふさわしくないマンションなんだ
それにわれわれ住民に建築計画を十分説明せず見切り発車をしたのだ
裁判も視野に入れておる！
業者が計画変更すれば今後は販売に影響がでてくる
こうならないためにも調査しなくては

12 騒音に悩まされるマンション！

マンション住民が隣地のカラオケ店経営者を相手どって騒音被害裁判を起こす！

このような裁判はよく耳にすることです。

〝マンションといえば駅のそば〟というのがマンションの立地条件です。

では、本当にそうかというと、必ずしも駅のそばがいいとは限らない場合があります。

通常は、駅周辺は商業地域といって、さまざまな種類の商売ができるように定めています。

焼鳥店、カラオケ店、飲み屋街、風俗店、ゲームコーナーなど、おおよそ閑静な住宅には適さない店舗が数多く集中して存在します。

現実にも、隣地のカラオケ店が出す深夜の音量をめぐって訴訟事件が起きています。

しかし、このような住環境の場合は、必ず、マンションの入居者が勝訴するという保証はありません。

商業の利便地域においては、あらゆる商業が発展するように都市計画を定めていることが一般的です。「騒音で苦情を言うのは筋違い」となります。

ですから、住民が勝訴をするには、相手方が余程ひどい条例違反などをしている場合に限られるのです。

一般的に、居住用マンションの調査では、通勤時間から日没までの時間が〝通常の不動産調査〟と考えられるため、不動産業者が深夜に調査をしない限り異常に気づくことはありません。

「売主の情報開示書」を用意し、売主に情報開示してもらうことが安全な取引方法です。

ここらは賑やかですね
ENTER
ジャーン
このマンションは騒音がひどいだろうな
駅に近いがそれだけ商業圏なんだ
騒音で訴訟もあったけれど勝訴は難しいようだ
ブウウ
居住用マンションの調査は日中が多いから 深夜は空白なんだ
BANK
こういう場合は売主に情報開示をしてもらうことが大切だ

13 高圧線が真上のマンション！

マンション敷地内に高圧線が通っているマンションがあります！

一般に、高圧線の真下には建築物を建築できない場合が多い。

仮に、建築ができたとしても、通常は、建物の高さが制限されるなどの建築規制を受けます。

このような建築規制を受ける敷地は用地取得費が低額となることから、マンション分譲業者は好んで取得します。

「万一、送電線が切れたりした場合は、自動で送電がストップする仕組みがとられ安全性を確保している」、というのが電力会社の回答です。

高圧線の影響で、テレビ電波の受信障害が起きることがあります。

このため、電力会社は住宅街の周辺での送電線敷設工事の際、周辺住宅街にケーブルテレビを敷設配線するなどしています。

また、送電線にあるガイシにほこりなどがたまり、そこへ静電気が蓄積すると〝ジージー〟という音がはげしく聞こえてくることがあります。

晴れた日が続いた後に降る雨によって電流が放電をするのです。

このため、電力会社ではこの「ジージー音について」と題してパンフレットを配布しているくらいです。

したがって、送電線が敷地の上にある場合や隣接地にある場合は、電力会社のパンフレットを取引の際に添付するほか、テレビ電波の受信障害対策の実施の有無は重要事項となります。

このマンション高圧線の下にありますね
本来は建てられないが高さを制限すれば建てられる
こういう土地は用地取得費が低額になるから業者は好んで取得するのだ
電力会社は安全としているがテレビの電波障害や静電気のノイズがすることもある
こういう物件は電力会社の資料や電波対策の有無は知らせる必要がある

14 地下鉄で地盤沈下のマンション！

地下鉄が走っている道路に面したマンションの敷地地盤が沈下している！

実は、地下鉄が縦横に走っている地域では、地盤沈下が深刻な問題になります。

このような敷地の場合は、地下鉄の線路下の構造体から斜め上45度の角度で引かれた線下に建築物の基礎を打ち込む仕様で建設工事をしなければならない場合があります。

このために、敷地がいったん深く掘り返され、そして、埋め戻しをします。

その結果、〝埋め戻し部分が沈下する〟という現象が起きる場合がよく見られます。

ただ、地盤が沈下するだけであれば、マンション建物の被害は階段の新設くらいで済むかもしれません。

しかし、外観上の不動産評価は低下します。

また、敷地内のアスファルト全面舗装に亀裂が入るため、年中、補修工事を必要とするマンションもあります。

もちろん、これらの補修維持管理費用は、マンション管理組合で負担するしかありません。

工事規模によっては、通常の管理費や修繕積立金では不足するため、入居者の個人負担を総会決議する事態が生じることもあります。

このような地盤の沈下現象が見られる場合は、「本物件周辺の地盤は軟弱です」と、重要事項で説明をすることが大切です。

敷地地盤の状況は見落としやすいので、しっかり観察する必要があります。

地下鉄
地下鉄が近くて便利なところですね
でも よく見ると地盤沈下が起きているかもしれないぞ
え
地下鉄が縦横に走っているところは特に問題だ
沿線の敷地は深く掘った基礎工事部分を埋め戻すことで　この部分が沈下する場合が多い
不動産評価も下がるし補修費用も居住者負担になる——地盤軟弱のことを重要事項として説明することが大切だ

15 隣接水路は幼児に危険！

〝子供が水路に転落して死亡！〟といった事故がありました。

水路には用水路や悪水路などがあります。

簡単に言えば、用水路は畑や田んぼにきれいな水を引き込むための水路のことです。

悪水路は生活排水などの汚れた水を排水するための水路のことです。

ですから、敷地に接して流れている水路が、用水路か悪水路かによっては、まったく事情が違ってきます。

用水路のほうは通常は問題になることは少ないのですが、悪水路の場合は、生活排水などが流れているため、水の流れが悪くなったときには〝異臭〟、〝悪臭〟が周辺に広がります。

冬場は気づきにくいので、周辺の住民に、「この水路は、夏場は臭くないですか？」と聞くことが大切です。

また、流れが悪いときは、大雨で水路が氾濫する場合があります。

しかも、流れの悪い水路は、日頃の手入れが悪いことも重なり、小さな子供が水路に転落するなどの事故も考えられます。

したがって、このような水路があるときは、水の流れなどの衛生管理の状態や、柵の設置などの安全のための維持管理が行き届いているかどうかをしっかり観察することが大切です。

現地の状況がこのように整備の行き届かない水路である場合は、写真にして重要事項説明書に添付して説明することが、リスク回避の基本です。

現地にはデジタルカメラ持参で行きましょう。

このあたりはのどかですね
これは用水路ですか？
悪水路だね
悪水路？
生活排水が流れ込み淀むと異臭や氾濫が起こるし
子供の事故の可能性もある
周辺の住民に聞いたり維持管理なども調査しておく必要があるね
これも写真にして重要事項説明書に添付して説明することが大切だ

16 深夜の消防車のサイレン音!

「消防署がすぐ近くですので火災の際は一番に来てくれます」と説明する営業マンがいます!

皆さんは、つい、なるほどとうなずきませんか?

実際に、消防署の近くに住んだ経験のある方なら経験済みだと思いますが、決して、安眠できるものではありません。

消防署は24時間、緊急事態に対応できるように市民のために寝ずに働いてくれています。

深夜であろうと明け方であろうと、時間を問わず、サイレンを鳴らしながら出動をするのがその任務です。

最近では、風邪を引いたくらいでも救急車を呼ぶモラルのない人が増えて社会問題にもなり始めていますが、救急車の出動回数も急上昇しています。

少々眠れないからといって、市民の安全のために存在するものですから苦情をいう人はいません。

しかし、夜はぐっすり眠りたいという人には、この消防署はあまり近すぎないほうがいいかもしれません。

また、同じ道路沿いであれば少し離れていても、マンションの前の道路を走る場合は、同じくサイレンに悩まされることになります。

しかし、これは、静寂な地域を特別に希望するお客様でない限り、説明をしなければならない重要事項ではありません。

公共福祉のために市街地の中心になくてはならない防災のための公共施設だからです。

ウーウー
どこかで火事でしょうか
マンションの近くに消防署があったらサイレンで眠れないですね
消防署が近いから安全というセールスマンもいるけどね
消防署など重要な公共施設についてはよほど静寂な地を希望するお客様でない限り重要説明の必要はないんだ
火の用心

マンションの管理チェックリスト　（２）

（42ページより続く）

7．管理費等の支払いに関する事項		
管理費月額		円 □　あり　　□　なし
修繕積立金月額		円 □　あり　　□　なし
駐車場月額		円 □　あり　　□　なし
空きの有無		□　あり　　□　なし
決定方法	（　□抽選　□空き順番待ち　□申込順　）	
譲渡の可否		□　可　　□　不可
駐輪場月額		円 □　あり　　□　なし
空きの有無		□　あり　　□　なし
その他諸施設		□　あり　　□　なし
修繕積立金総額		円　（平成　年　月　日現在）
管理費等の滞納		円 □　あり　　□　なし
管理費等の支払	（　□自動送金　□集金届出　□振込み　）	
振込先口座番号		
8．防犯・防災に関する事項		
緊急特別防犯設備の有無		□　あり　　□　なし
室内の特別防火設備の有無		□　あり　　□　なし
室内の火災警報器設置の有無		□　あり　　□　なし
消防署の行政指導の有無		□　あり　　□　なし
9．過去の災害の有無		
過去の火災記録の有無		□　あり　　□　なし
過去の水害記録の有無		□　あり　　□　なし
10．建築物の基本的安全性確保の事項		
耐震診断の記録の有無		□　あり　　□　なし
耐震診断の予定の有無		□　あり　　□　なし
石綿使用の調査の有無		□　あり　　□　なし
石綿使用の調査の予定の有無		□　あり　　□　なし
エレベータの人身事故・閉じ込め事故の有無		□　あり　　□　なし
ベランダ手すりの取り付け部の不良の有無		□　あり　　□　なし
11．添付書類（区分所有の場合）		
管理会社の重要事項報告書		□　あり　　□　なし
分譲時のパンフレット		□　あり　　□　なし
管理規約		□　あり　　□　なし
使用細則		□　あり　　□　なし
入居申込書		□　あり　　□　なし
口座振替依頼書		□　あり　　□　なし
駐車場申込書		□　あり　　□　なし
設計図書		□　あり　　□　なし
確認通知書		□　あり　　□　なし
その他		

ご注意！　本チェックリストはマンションの維持管理に関する重要事項を選択していますが、この他にも重要事項が存在する場合があります。

第3章 新築マンションの調べ方（2）マンション維持管理編

1 修理できない安い修繕積立金！

いざ、外壁塗装工事が話題になると、「修繕するための工事代金が足りなくて工事ができない！」ということがあります。

マンションの管理費や修繕積立金があまりに低額である場合にこの問題が発生します。

マンションの維持管理のためになくてはならないものは、管理費と修繕積立金です。

管理費はマンション管理のうえで、日常的に発生する固定経費に充当しているケースが多い。

一方、修繕積立金は、3～4年ごとのベランダなどの手すりや金属部分の塗装工事、給排水管の衛生工事、貯水槽衛生清掃工事代、8～9年ごとの外壁塗装工事、屋上防水工事などの費用に積み立てます。

分譲する際、あまりにマンションの維持管理費等が高すぎると、売上げに響くことがあります。

しかし、修繕積立金額を7、000円、8、000円などと比較的に低額にしたため、いざ、3年後に修繕工事を予定すると、「工事代金が不足」します。

仕方なく入居者の個人負担になります。

それも、100万、200万といったまとまった費用となるため、入居者にとっては深刻な問題となる場合があります。

修繕積立金などが低い金額で抑えられている場合、「将来予定している外壁塗装工事の際に入居者の追加負担がありますか」と聞くことが大切です。すでに、管理組合があれば理事長か会計の方に、管理会社があれば担当者に質問をします。

ここのマンションは大規模修繕中ですね
実はこのマンションは管理費や修繕積立金が低くてイザ工事になると工事費が不足し入居者の個人負担が発生した
まあ
修繕積立金などが低く抑えられている物件は　確認が必要だ
将来予定している外壁塗装工事の際入居者の追加負担はあるかどうかを聞くべきですね

2 分譲時の管理規約に落とし穴！

管理規約にペット禁止と書いていないから購入したのに、後になって、管理規約を変更してペット禁止にされた！

こんな事例は数多くありますが、最近では、ペットも家族同様と考えている人も多い。

管理規約にペット禁止規定ができたばかりにマンションを立ち退くことにした入居者がいます。

通常は、分譲主が「管理規約案・使用規則案」などを購入者に提示をして販売しています。

最初の管理規約案では、ペット飼育の件について何ら記載をしていないこともあります。

言い換えれば、管理規約に記載がないほうが「ペット禁止」になる確率が高いのです。

入居して数年後、管理組合の定期総会において、「ペット禁止」決定をする事例はめずらしくありません。

これは過半数の賛成で決定します。

多くの場合、最初に分譲主が提案した管理規約や使用細則はそのまま利用され、変更もなしに継続しています。

それは、入居者間の人間関係が醸成するまでに時間がかかることや、マンション管理運営の知識を有する人の数も少ないからです。

「規約にはペットに関する記載はありません」と、説明をすることも大切です。

また、ペットがいやだという人もいます。

このようなお客様の場合は、管理規約にペット禁止規定の有無は重要な事項となります。

いずれにしても、管理規約における禁止条項は重要事項として説明をすることが大切です。

かわいい
よし よし
ムッ ニガ手
ウチのマンションは来年からペット禁止になるので困ってます
まあ
管理規約に記載がないからいいと思ったのです
この問題は多いのです
記載がないほうがペット禁止になる確率が高いのです
入居時にはこの規約のことも重要事項のひとつと考えなくてはなりませんね
あれ？ 先パイ

3 分譲主の倒産で消えた駐車場！

分譲主が倒産したら駐車場までなくなった！　という事例があります。

これは、分譲主がマンション建設の際に、駐車場部分だけを区分所有の対象からはずし、名義変更をせずに、管理所有は分譲主のままにしたまま倒産したために起きた事件です。

自転車操業の分譲主にとっては、駐車場料金の収入も大きな収入源です。

「マンションの敷地と一体となった場所に駐車場がある」ため、見かけではわかりません。

「駐車場料金の管理は管理組合ですか？」と売主に聞くことが大切です。

さらに、「駐車場料金は管理費に充当されますか？」と聞きます。

最近では、〝駐車場がない〟というと、再販売が難しい時代です。

マンションの付属施設や建物の所有者を確認する必要があります。

法務局に行き、登記事項証明書を申請します。

そのさい、「規約共用部分の登記事項があれば一緒にお願いします」と所在地欄の下に記載しておきます。

駐車場の所有者が、分譲主名であれば、先程の〝危険な状態〟ということになります。

規約共用部分の登記事項証明書を見ますと、駐車場や管理人室、集会場などさまざまなものが登記されていることがわかります。

ただし、この規約共用部分の登記が存在すると、移転登記費用も加算されるので注意が必要です。

えっ この駐車場はマンションのものではないのですか？
よくあるパターンだ
分譲主が駐車場部分だけを区分所有の対象から外し 名義変更してないからだ
分譲主が倒産すると駐車場もなくなるというわけだ
駐車場はマンション管理組合のもので収入は管理費に充当されるかどうか確認する必要がある
法務局で登記事項を確認することも大切だ

4 分譲主名義の管理人室！

こんな事例があります。

管理人室の所有者が分譲主名で登記されている場合があります。

反対に、登記がない未登記建物になっていることがあります。

さらに、管理規約では管理人室を共用部分とする定めの記載もありません。

このようなマンションを取引した場合、分譲主の倒産で管理人室が第三者名義になってしまう場合があります。

気がついたら、「マンションとは無関係の人が管理人室を使用している」と。

不動産登記法上は有効な登記です。

これが悪意の第三者である場合は、このようなことが起きないとも限りません。

管理人室をマンション管理組合が自由に使用できないマンションとなっては、管理が非常に困難になります。

このマンションは不動産としての資産価値さえ極端に下落してしまいます。

そこで、管理規約をチェックして、「管理人室や集会所などの共用施設については、管理規約で定めがあるかどうか」を調べます。

規約により共用部分としての定めがあれば、原則的に問題はないところです。

意外に、見落としやすい話ですが、実際に起きていますので注意が必要です。

また、管理人室のほか集会場が未登記のままであったりすることも多いので注意が必要です。

管理規約には登記が優先するのです。

管理人室
管理人室のチェックも必要だ
？
管理人室や集会室が共用部分の登記をしていない場合があるのだ
つまり分譲主名義や未登記だったりすることがあるのですか？
分譲主が倒産したときなど第三者が入ることも考えられる
管理規約をチェックして共用部分かどうか確認しておかないと資産価値に影響してくる

5 集金の管理会社が倒産！

管理費や修繕積立金の集金をしていた管理会社が倒産して、修繕積立金がなくなった！

こんな事件を防止するために法改正が行われました。

しかし、こんな事件がありました。

平成19年6月14日、国土交通省は、「マンション管理業者はマンションの区分所有者等から当該修繕積立金等を徴収してから1月以内に、管理事務に要した費用を当該修繕積立金等金銭から控除した残額を、管理組合等を名義人とする口座に移し換えなければならないにもかかわらず、必要な保証契約を締結していなかった」として、マンション管理業者に対して、3か月の業務停止処分をしました。

マンション管理方式には、管理会社に全部委託する場合、一部委託する場合、自主管理する場合の3種類があります。

もちろん、一切を管理組合でまかなえば経費がもっとも低い、という利点があります。

反対に、すべてを管理会社に委託すれば、毎月の管理費も高くなります。

管理組合の総会において、管理会社への費用低減のために管理会社を変更した、という事例は数多くあります。

ここでのポイントは、分譲時では、全部委託方式でどこかの管理会社を分譲主が選択しているケースが多いということです。

したがって、管理の方法が委託方式か自主管理であるかは、重要な事項となります。

502
マンションの管理方式もチェックする必要がある
理事長宅
マンション管理方式は管理会社に全面委託や一部委託している場合と管理組合で自主管理していることもある
通常は分譲主が分譲時に全部委託方式を選んでいることが多いですね
管理会社が倒産して修繕積立金がなくなったこともあるから管理方式の再チェックも必要だ

全国版

聞取り調査保存用シート

平成　　年　　月　　日

物件所在地

聞取り者

用　件	課の名称	所在建物	階数	担当者名
都市計画			階	
下水道			階	
宅地開発			階	
道　路			階	
浸水被害			階	
土壌汚染			階	
文化財			階	
建築確認			階	
区画整理			階	

本書は取引完了後10年間保存します。

第4章 新築マンションの調べ方（3）売主関係編

1 分譲主の資金力チェック！

分譲主は資金力が低いときは、販売を予定している不動産にまで金融機関の担保にする！

このような分譲主は数多くいます。

そこで、抵当権の設定状況を調べます。

最初に、管轄の法務局の場所を電話で確認してから、法務局に行きます。

法務局に入ると、最初に、住宅地図を探します。

法務局にある住宅地図は、「ブルーマップ」と呼ばれ、黒い色の数字が郵便などの「住居表示の番地」です。

そして、ブルーの色の数字が「地番」です。

目的の所在地の「地番」がわかったら、「公図」を申請します。

次に、土地の「登記事項証明書」を申請します。

登記事項証明書の見方ですが、所在、地番、地目というように順番に記載されています。

乙区には、共同担保の欄があって、土地が複数あるときは、「共同担保目録」の欄に、それらの地番が共同担保の所在地として記載されています。

これらが、今、調べた地番とはまったく関係のない所在地や地番の場合があります。

これは、「分譲を予定しているマンションの敷地とまったく違う土地と共同して担保に入っている」状況を示しています。

このようなときは、分譲主は資金繰りに苦心をしていることが考えられます。

資金繰りが厳しいほど、共同担保となる土地の数が多い、ということになります。

分譲主の資金力を調べよう
法務局でわかるのですか？
法務局
住宅地図（ブルーマップ）で番地を調べる
この青い数字が地番だ
22
21-1
20-1
22-1
25-14
25-20
25-1
23-4
21-1
22-3
20-111
-53
公図を申請し登記事項証明書も申請する
登記事項証明書
申請書
申請書
乙区に共同担保の所在地が記してある
[乙区] (所有権以外の権利
番号
登記の目的
受付年月日
1
抵当権
昭和○
第○○
2
抵当権
昭和
第○
3
ここに関係のない所在地や地番があると別物件の土地と共同して担保になっているという可能性があるということだ資金繰りに苦しいかもしれないね

2

不動産登記に不慣れな分譲主！

分譲主が不動産登記手続きに不慣れのために、「マンションの土地の数が4筆や5筆と数が多い！」ということがあります。

また、マンションの表示登記や所有権登記を間違って行っていることさえあります。

規約共用部分の所有者が大手不動産の分譲主名義のままという場合もありました。

取り返しのつかない間違いもあります。

建物の〝登記事項証明書〟は建物が完成していれば法務局で取ることができます。

通常は、敷地権といって建物の一室の登記事項証明書を取れば、「敷地権の目的」欄に土地の所在地番が記載されてきます。

もしも、この土地の数が、4筆や5筆と数が多いという場合は、「分譲主が不動産登記手続きに不慣れ」または「横着」かもしれません。

なぜなら、建物の建っている敷地はすべて地目を「宅地」とすることができますので、販売前に1筆に合筆をして整理することができます。

もちろん、複数あるからといって問題ではありません。

買主が自分名義に所有権移転登記をするときに、敷地が1筆であれば不動産登記料もそれだけ安くなります。

また、売主側も抵当権抹消登記の登録免許税が安くなります。

このように不動産登記手続きがずさんである場合、別件のトラブルもあるかもしれない、と考えておくことが重要です。

おや？
この分譲主は不慣れだな
どうしてです？
ほら
この敷地権の目的の欄の土地の数が多い
[表題部]　(敷地権の目的たる土地の表題
土地の符号　所在及び地番　地図
1　○○区○○町　雑種
2　○○区××町　宅地
3　○○区×○町　雑種
4　○○区△△町　宅地
4筆あります
分譲土地は「宅地」にして1筆に合筆できるのに整理してない
不動産登記がずさんということは他にもトラブルをかかえている可能性がある

全国共用版

聞取り調査保存用シート

平成　　年　　月　　日

物件所在地

聞取り者

用件	課の名称	所在建物	階数	担当者名
			階	
			階	
			階	
			階	
			階	
			階	
			階	
			階	
			階	

本書は取引完了後10年間保存します。

第5章 新築マンションの調べ方（4）権利関係編

1 地積測量図と登記簿が一致しない！

新築マンションでも、境界紛争が起きることがあります！

一般に、マンション分譲などのために仕入れる用地は、購入の段階で、登記簿面積と地積測量図面積とが一致するように、登記簿面積を訂正登記します。

マンション販売の際、「敷地に問題があるのでは？」という消費者の不安をなくすためです。

しかし、登記簿面積を訂正するためには、隣接地主の印鑑証明書付きの同意書が必要になるため、書類が揃わないこともあります。

やむなく、そのままの状態で建築工事が始まることもあります。

この問題のチェック方法を述べます。

法務局で地積測量図を申請します。

「存在しない」という場合でも、分譲主が保有していることがあります。

この地積測量図と登記事項証明書の地積欄を照合します。

この数値が一致していない場合があります。

それは、「土地の地積訂正を申請しなかった」場合、「申請したが隣接地主の印鑑証明書付きの同意が得られなかった」場合、「境界には同意するが、同意書をもらえなかった」場合などがあります。

「同意が得られなかった」という場合は、境界紛争の可能性があります。

この場合は、〝売主の情報開示書〟の「境界に関する告知」が必要です。

未完成物件の場合は大切です。

マンションでも境界紛争が起こりうるんだ
え？
法務局で事前に調べることができる
地積測量図と登記事項証明書の地積欄を照合する
[地積] m2
500 00
300 00
一致しません
これは地積訂正しなかったか隣接地の同意が得られなかったか　同意書がないことも考えられる
境界紛争の可能性がありうるから売主の情報開示が必要だ

2

2つの境界線があるマンション!

〝境界〟って何でしょう?

一般的に、〝境界〟とは「所有者が現実に自由に利用できる敷地の範囲」をいいます。

一方では、〝筆界〟といわれる〝真の境界〟があり、これは当事者の合意で定めることのできないものです。

この双方が一致したときに、「境界が確定している」ということになります。

全国の市街地の81%は境界が確定していません。

2006年1月20日に不動産登記法が改正施行され、筆界特定制度が創設されました。

これにより、境界紛争のため敷地分割ができない、販売ができないなどの理由があれば、法務局に「筆界特定申請」ができるようになりました。

これは、短時間で費用も安い。

筆界特定された不動産の場合は、登記事項証明書の表題部の「地図番号」欄に「筆界特定」事項が記録されますので誰にでもすぐにわかります。

このような土地には、〝筆界〟と〝現実の境界線〟が別々に存在します。

運が悪ければ、マンション建物の一部を解体しなければならない場合もあります。

筆界特定があれば、「筆界特定書の写し」を申請します。1,000円の登記印紙で請求できます。この「筆界特定書」には、この2種類の境界について詳しく記載があります。

「本物件敷地は筆界特定されています。このため、将来、敷地が減少する場合があります」と買主に説明することが大切です。

境界には実際の境界と
真の境界（筆界）があり
双方が一致したとき
境界が確定したという
全国の土地の
8割は
境界が
確定して
いないと
いいます
ね
06年1月に
筆界特定制度が
創設された
筆界特定申請書
○○法務局
これにより
境界紛争で
敷地分割ができない
場合などは　法務局に
筆界特定申請し
真の境界を決めることができる
運が悪いと
マンションの　部を
解体しなくてはいけない
ケースもある
筆界特定が
されていることを
明記し
将来敷地の
減少も
考えられる
ことを
知らせなくては
いけませんね

3 境界が確定しているって？

「境界が確定している土地かどうか」の見方を述べておきます。

法務局では地積測量図を注意深く観察します。図面のほぼ中央付近に、「確認処理」という文字の記載された丸い印鑑が押されていることがあります。

その印鑑の下には、日付があります。

これは「確認処理印」といいます。

地積測量図を作成して法務局に添付書類として提出した場合、「境界立会いが行われ、境界が確定していること」を登記官が確認した「地積測量図」であること意味しています。

このような印鑑の押されている地積測量図は、高い確立で、「境界紛争が起きにくい」物件といえます。

また、土地家屋調査士が直接、地積測量図のなかに、「境界立会い年月日」、「境界確定協議書を作成した旨」等を記載している場合があります。

このような場合は、「境界が確定している地積測量図」ということができます。

また、公図申請をした際、「これは地図である」と明記して、写しを取得できることがあります。

この場合は、「紛失した境界石を復元できる精度のある地図」として、現地復元能力を保有しています。

このような地図を、２００５年3月7日までは〝法17条地図〟といっていました。

現在では、〝法14条地図〟といい、中身としては、〝法17条地図〟とまったく同じです。

地積測量図
求積表
10-3
10-4
10-2
地積
確認処理
○月○日
道路
これが地積測量図だ
この印鑑は確認処理印といい境界立会いが行われ境界が確定していることを示している
境界紛争が起こりにくい物件なんですね
土地家屋調査士が境界立会い済みと記載していることもある
公図申請の際“これは地図である”と明記されていれば現地復元能力のある地図として活用できる

地盤沈下の状況と対策

全国の地盤沈下の状況

（１）平成１８年度の状況

平成１８年度において年間４cm以上沈下した地域数は、全国で１地域（平成１７年度は０地域）、沈下した面積は１km²（平成１７年度は０km²）であった。

また、年間２cm以上沈下した地域数は、５地域（平成１７年度は７地域）、沈下した面積は１７km²（平成１７年度は４km²）であった。

この中で年間最大沈下量は、新潟県南魚沼市の６．３cmであった。

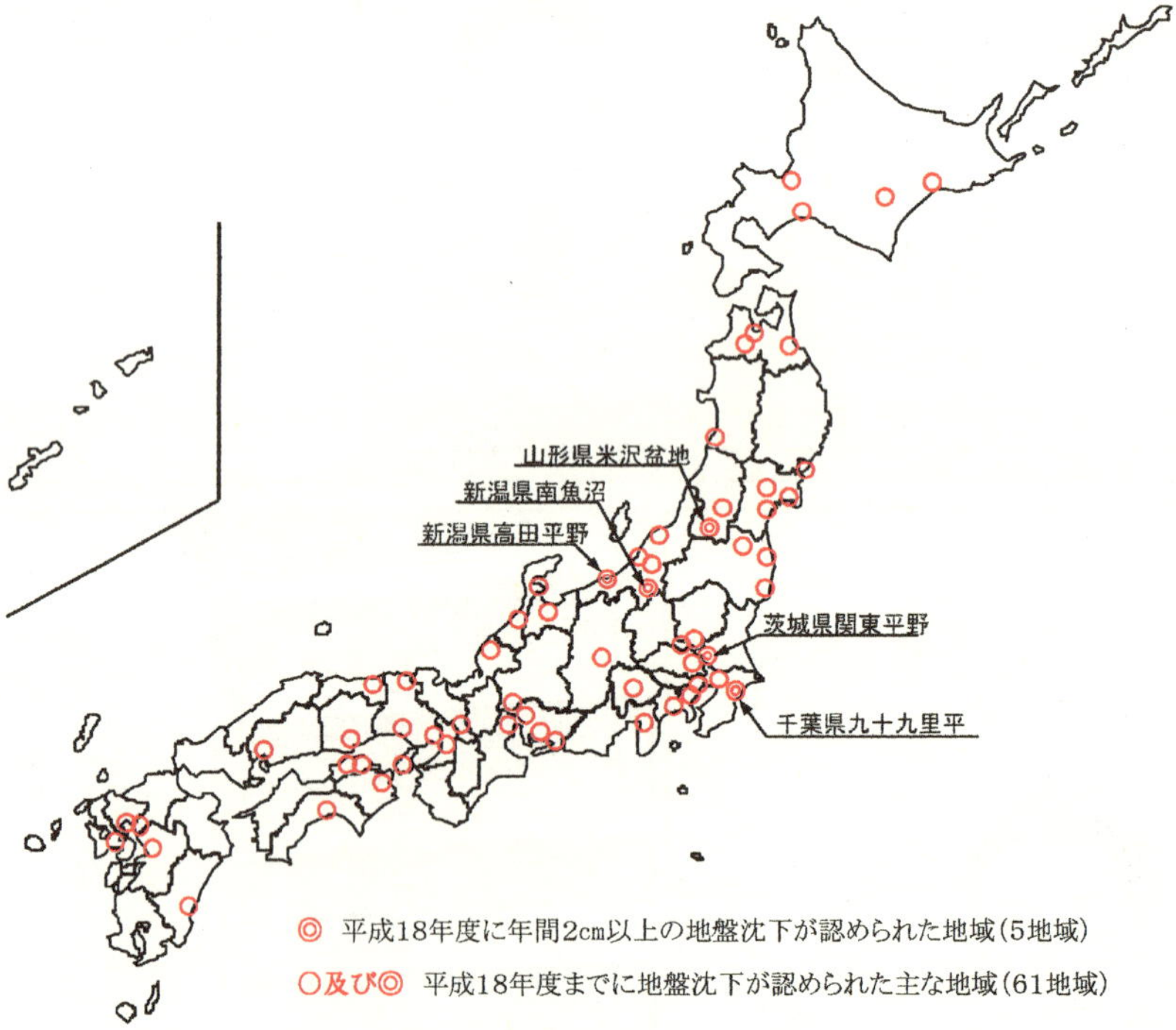

第6章 新築マンションの調べ方（5） 法令関係編

1　民間確認検査で不適格建物に！

こんな事例があります。

ある市には平成13年９月25日より、「経済振興地区建築条例」が定められていました。

これは、「この区域には共同住宅などを建築することはできない」とするものです。

この条例が制定される以前は、「近い将来に、この区域では共同住宅等が建てられなくなるため、建築後に困らないように」その市では建築の際の〝指導〟をしていました。

しかし、日本でもトップクラスの売上げを誇る某大手業者がこの区域に分譲マンションの建築確認を取得してしまいました。

なぜ、建築できたのかといいますと、その市の建築審査課に建築の確認申請を提出せずに、「規制のゆるい民間確認検査機関」に確認申請を提出して建築確認を取得したのです。

当然にも、このマンション購入者たちは、将来、万一、建替えしようとしても再建築はできません。

資産価値が大幅に下落したマンションになったことは確かです。

これを、「既存不適格マンション」といいます。

市区町村は「近い将来にはこのような都市計画を実施します」と公表し、実施するまでは、その地域に建設しようとする企業や個人に対して〝指導〟を行います。

当然にも、この〝指導〟というのは、法律が実施されていないため、〝規制〟ではありません。

建替えできないマンションもあるという事例です。

ここは
工場しか建たない
経済振興地区
ですよね
そう
にもかかわらず
マンションが
建ってしまった
市などから
指導が
あったはず
ですね
ここは規制のゆるい
民間確認検査機関で
確認申請して建築確認を
取得したのだ
既在不適格
マンションだから
将来建替えは
できなくなりますね

2

協定違反の分譲マンション！

こんな事例がありました。

ある市内のマンションでは、敷地の前面道路を5・5ｍから6・5ｍにする協定を市と締結した後に、マンション建設後は敷地をそのまま放置し、その敷地後退予定部分に駐輪場やゴミステーションに利用していた、という事例があります。

これは建築の協定違反のマンションです。

多くの市区町村では〝開発指導要綱〟を定めていることがあります。

たとえば、分譲マンション建築などの場合に、「住居戸数が20戸以上等の場合は開発指導の対象」として、市が建築指導を行います。

そして、市区町村と分譲主との間に協定書が締結されます。

ところが、この協定を無視する業者がいます。

なぜ、そんなことができるのかといいますと、この指導要綱は、あくまで都市計画に関する〝指導〟であって、〝許可〟ではないからです。

こうして建設されたマンションは、一見、合理的な諸設備が揃っているように見えても、後日、市区町村から是正指導が出る可能性があります。

分譲後に、この指導が出た場合は、敷地の利用方法を変更することとなり、「分譲時にあった駐輪場がなくなる」ということも考えられます。

市区町村の宅地開発担当課で、マンション建築について、開発許可を取得していない場合は、「開発指導などの協定締結はありますか？」、「道路に関する指導があれば教えてください」、「事業完了確認書はありますか」と、協定の内容を質問します。

宅地開発担当課
このマンションは開発指導などの協定締結はありますか？
5・5m道路を6・5mにする協定が締結されています
このマンションは市との協定違反があるのですね
市との協定はあくまで指導だから法的許可ではない
しかし是正指導が出た場合は敷地利用が制限されるかもしれないな

3 公道に接しないマンション敷地!

「敷地入口の通路部分の所有権を分譲主が所有!」という事例があります。

このような変則的な分譲マンションを取引する場合はよほど、気をつけなければなりません。

このようなずさんな工事をする分譲主は、往々にして、倒産して私道部分の所有権が第三者に移転します。

もしも、このようなことになれば、マンション敷地は道路の掘削使用等で問題になることがあります。建築基準法上は問題なくとも資産価値は激減します。

市街化区域では、多くの市区町村では500㎡(地域によってはまちまちです)を超える敷地を宅地開発しようとする場合、計画内容によっては、〝開発許可〟が必要な場合があります。

開発許可の場合、建築工事完了後に、このマンション敷地への通路部分を、市区町村に所有権を移管します。

しかし、私道の所有権の移管手続きは最後になるため、分譲主が何らかの理由で最終書類を担当役所に提出しなければ、その通路はそのままになってしまいます。

その結果、「入口通路は私道」という敷地形態の分譲マンションができます。

したがって、マンション敷地が路地状の場合は、必ず、敷地の所有者が「市区町村の名義」になっていることを確かめる必要があります。

この場合は、開発許可担当課と道路管理担当課の双方で手続きの進行状況を確認します。売主にも「道路の移管手続き状況」を聞きます。

このマンションの通路は私道なんだ
え？
分譲主の所有なんだ
ということは——万一の場合は第三者に渡りますね
マンションの敷地が公道に接しないことになり取得した第三者によってはトラブルも発生する
マンションの資産価値も激減します
マンション敷地が路地状の場合は敷地の所有者が市町村名義であることを確認しなくてはなりませんね

第7章 既存マンションの調べ方（1）現地でわかる欠陥

1 新耐震基準不適合のマンション！

平成17年6月1日、国土交通省は「耐震性について危険性が高いと判断される建築物」について、「昭和56年5月以前に着工された建築物で、次のような劣化が見られる場合は、そのまま劣化が進むと地震で倒壊する恐れがあると解すべきである」として、次のようにガイドラインを公表しています。

・建築物が傾いている、不同沈下している、床がたわんでいる
・柱、梁、耐力壁等に大きな亀裂または多数のひび割れが見られる
・鉄骨鉄筋にさびが著しい、ボルトが破断しているまたは緩んでいる
・木材が腐っている、蟻害を受けている

そこで、既存マンションを売買する場合、新耐震基準に適合した建物であるかどうかということは、最も注意するところです。

そもそも新耐震基準は、中規模の地震、震度5強程度に対しては、ほとんど損傷を生じず、きわめてまれにしか発生しない大規模の震度6強から震度7程度に対しても、人命に危害を及ぼすような倒壊等の被害を生じないことを目標とするものです。

このような事象が出ている物件の場合は、その状況を写真などにして、添付して重要事項説明をすることが大切です。

しかし、建築確認通知書がない場合も多くあります。

したがって、マンションの新築年月日を調べることが大切です。

ユラユラ
地震!?
新耐震基準不適合のマンションは外見からでも判断できるガイドラインがあるんだ
建物が傾いたり不同沈下している
柱や壁などに大きな亀裂やヒビがある
鉄骨などにサビが著しかったりボルトが破断している
木材が腐っていたり蟻害がある
これらのことは写真に納め重要事項説明をすることが大切だ

2 建築確認証明書の取り方

売主が建築確認通知書を持っていないときは、マンション管理組合や管理会社で確かめます。

管理会社によっては、「重要事項報告書」として有料で交付しているところが多い。

それでもわからない場合の調べ方を簡単に述べます。

最初に、法務局でマンションの建物登記事項証明書を取得しておきます。

次に、市区町村役場の建築確認の担当課で「確認証明をください」と言って、入手した登記事項証明書を見せて、表題部の新築年月日を言います。

担当課のほうで調べてくれます。

市区町村によっては、自分で調べなければならない役所もありますが、担当課で調べてくれるところが多い。

この「建築確認証明書」は、１通３００円、４００円といった費用がかかります。

市区町村によっては、「建築確認証明はでませんが計画概要証明は出ます」というところもあります。

この証明書には、建築確認の日付が記載されています。この建築確認の日付が、昭和56年６月１日以降の日付であれば、「新耐震基準の可能性のある建物である」ということになります。

大切なことは、検査済み証交付年月日を確認することです。

この検査済み証は、建築確認の申請書どおりに建物を完成させました、という証明書です。

確認証明書に記載の日付を確かめます。

建築確認通知書がない場合はどこで調べればいいのでしょう?
売主が持ってない場合は管理会社にある――
それもない場合は役場で調べられる
法務局で建物登記事項証明書を取得し 市区町村の役場の建築確認担当課に行く
建築確認担当課
建築確認証明をください
新築年は○年○月○日です
証明欄
上記の建築物は建築確認済である
確認済証交付者
建築確認年月日 昭和56年 6月
建築確認番号 第12345号
建築確認の日付が昭和56年6月1日以降であれば 新耐震基準の可能性がある建物ね

3 石綿吹付けマンション！

平成18年10月1日、建築基準法施行令改正が行われ、「飛散の可能性のある石綿建材等を使用しない」こととなりました。

たとえば、駐車場などの天井に石綿ロックウールといった綿状のものが吹き付けられています。

既存マンションでは、特に、マンション廊下の天井やホールの天井、駐車場の天井、地下貯水槽の天井やシール部分、エレベータ室の天井などに吹き付けているものが多い。

目で見ると、ボツボツした感じで綿状ですのですぐにそれらしいとわかります。

もちろん、それが石綿吹付けロックウールであったとしても、石綿含有率が平成18年9月1日施行基準の0・1%未満のものもあります。

そこで、このような吹付け塗装が見えるようなマンションの場合は、管理組合または管理会社で、「石綿使用の有無の検査をしていますか」と聞きます。

管理組合では、このような石綿問題についてすでに総会などを開いて対策を検討しているところもありますので、管理組合の会計などを担当する役員に聞くことでもわかります。

すでに、「除去工事をした」「今後、除去工事を予定している」「囲い込み工事を予定している」「再塗装を予定している」など回答はさまざまです。

取引における問題は、入居者に対する「工事費用の特別負担があるかどうか」という点です。

計画が予定されている場合は、必ず費用負担等の有無を確かめておきます。

この駐車場の天井は石綿っぽいな
え?
管理事務所
石綿使用の有無の検査をされていますか?
来年除去工事を予定しています
その際入居者に工事費負担はあるのでしょうか?
予想外の工事なので修繕積立金だけでは不足するために現在調整中なのです

4 石綿使用の全面禁止！

平成18年9月1日の石綿全面禁止を受けて、10月1日、建築基準法施行令改正があり、飛散する石綿製品は使用禁止となりましたが、この法令での禁止対象は「石綿含有製品の一部」です。

これについて、平成18年10月1日、国土交通省は各都道府県知事あてに、「石綿による健康等に係る被害の防止のための大気汚染防止法等の一部を改正する法律等の施行について」と題して、通知を発出しました。

建築基準法上は、「石綿含有建築材料（吹付けパーライト、吹付けバーミキュライト、成型品等）は規制の対象とはなっていない」と。

したがって、平成18年10月1日以降の新築マンションの場合であっても、分譲主や管理組合・管理会社等で、「石綿含有製品が使用されていないことの製造メーカー等への照会確認をしたかどうか」を確かめる必要があります。

石綿含有建材は、内装の不燃材料としてほとんどの住宅にも応用されて使用されてきた経緯があります。

室内の場合は、仮に石綿含有建材が使用されている場合でも、内装材が破壊されて表面にむき出しになっている場合や天井板に穴が開いて粉末状のものが下に落ちてきているなどの状態でない限り、健康被害はないと厚生労働省では説明しています。

このため、「室内の改装工事を行う場合、石綿対策費用が別途、生じる場合があります」と重要事項説明をすることが大切です。

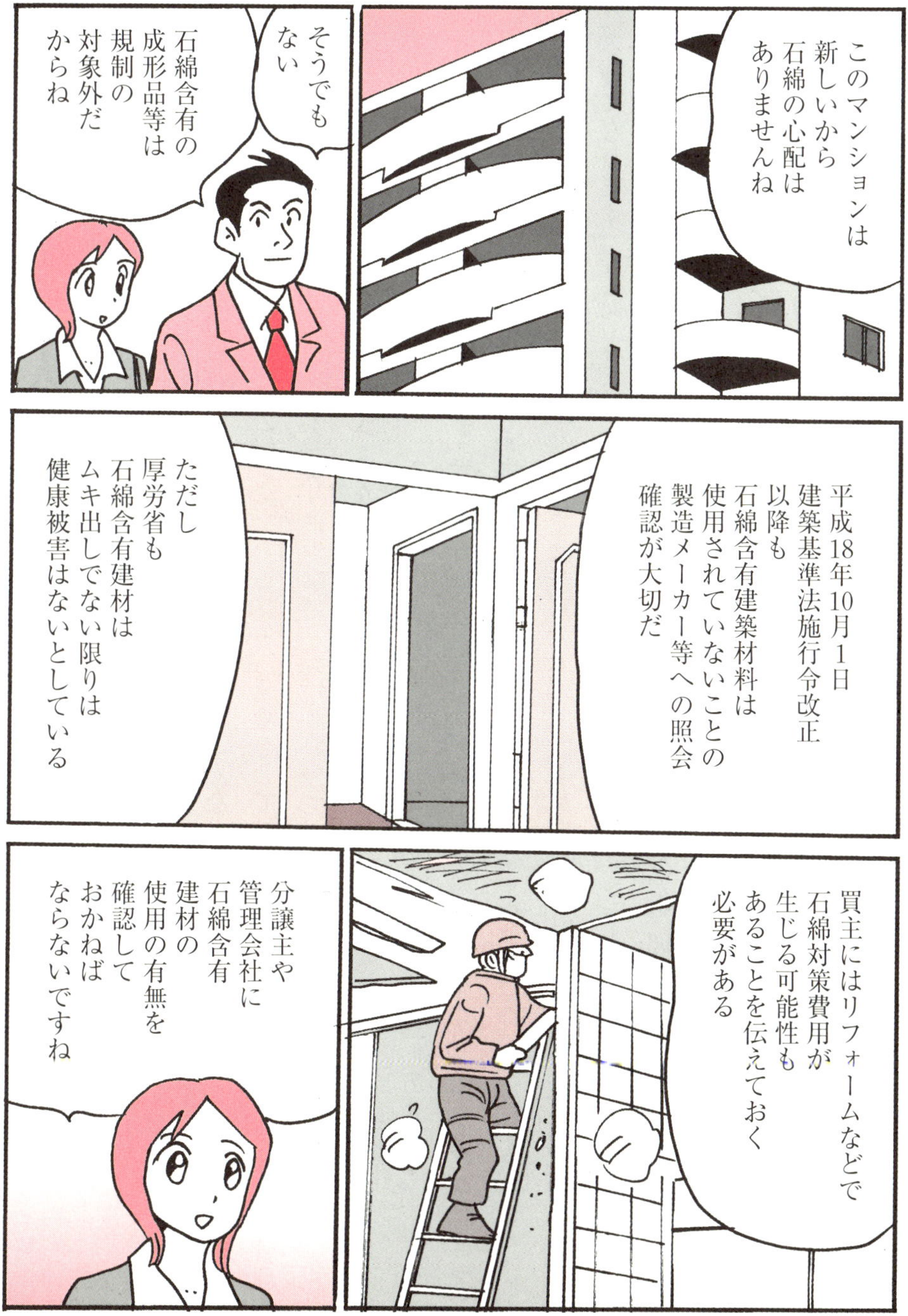
このマンションは新しいから石綿の心配はありませんね
そうでもない
石綿含有の成形品等は規制の対象外だからね
平成18年10月1日建築基準法施行令改正以降も石綿含有建築材料は使用されていないことの製造メーカー等への照会確認が大切だ
ただし厚労省も石綿含有建材はムキ出しでない限りは健康被害はないとしている
買主にはリフォームなどで石綿対策費用が生じる可能性もあることを伝えておく必要がある
分譲主や管理会社に石綿含有建材の使用の有無を確認しておかねばならないですね

5　管理人のいないマンション！

小規模なマンションでは、「管理人を置いていない！」、「管理人室もない！」という場合があります。

管理組合で徴収する管理費等があまりに少ないために、管理人を雇う費用を捻出できないという場合があります。

ですから、「管理費等が安い」という場合は、必ずしもいい物件であるとは限りません。

管理人がいない場合、日常生活のうえでは非常に不便になります。

マンションが老朽化すると、「エレベータの作動がおかしい」「排水が詰まってトイレの水が流れない」「ゴミステーションが散らかっていて不衛生」「屋上から雨漏りがする」「ベランダの手すりが錆びてぐらついて人が落ちる危険がある」など、思いがけないトラブルが起きます。

こんなときに管理人がいれば、すぐに業者に連絡をして対策を講じてくれます。しかし、管理人といっても、「入居者が交替で持ち回り」「常駐」「通勤」という場合もあります。最も一般的な方式は、毎日の通勤による通い方式です。

グレードアップすると、ガードマン付きマンションもあります。

いずれにしても、管理費用にお金をかけているかどうかマンションの不動産評価に影響します。

管理組合などで聞き取り調査をするときは、管理人が常駐、通勤、非常勤の別、管理会社に委託、自主管理方式かどうかなどを聞くことが大切です。

このマンションは小規模ですね
管理人室もありませんね
このマンションは管理人システムはどのようになっていますか?
管理人は通勤しております
多くは管理会社に委託してます
日常生活はご不便では?
入居者がいろいろ気をつけていますからさほどでもありませんよ
こうして管理組合で聞き取り調査をするとわかりやすいですね

6 全部委託の管理方式のマンション！

全部委託管理方式のマンションは、維持管理のグレードが高い！

ただ、この方式は、管理会社が利益重視になっていると管理費用が自然と高くなるという欠点があります。

最近は、このような管理会社に自由にされたくないことから、一部委託方式といって、清掃や維持管理業務を主として委託する、あるいは、管理費等の徴収業務のみを委託する、といった委託方式を採用しているマンションもあります。

また、管理費用を節約するために、入居者で作る管理組合は、「自主管理」方式を採用しているところもあります。

この方式では、マンション管理に詳しい方が入居している場合は有利です。

自主管理では、経理から清掃にいたるまで管理組合でまかないますので、入居者の協力が大きな柱となります。

持ち回りで管理事務室に待機します。

したがって、友好な人間関係が築かれていない場合は、かえって管理組合が機能しなくなる、という欠点があります。

しかし、順調に管理が運営されている場合は、人間関係が良好とも考えられます。

もしも、既存マンションを取引する場合、このような人間関係を好む、好まないがあるので、「管理形態が自主管理のマンションがいい」「全部委託管理のマンションがいい」など、買主の意向をあらかじめ聞いておくことが大切です。

このマンションは全部委託管理方式だ
グレードが高そう
ここは一部委託方式
全部委託だと管理会社の思うままになるから　主な業務だけを委託している
ここは管理組合が自主管理をしているこの場合は入居者の協力が支えになる
買主には管理形態を伝えておく必要がありますね

7 貯水槽やエレベータは命にかかわる!

清掃していない貯水槽の水は、健康な大人が飲む場合は病気にはなりませんが、体が弱っている人や乳幼児が飲むと病気になる場合があります!

貯水槽には、屋上に据え置いた貯水槽タイプのものや地下室に設置した地下貯水槽タイプやポンプアップによるものなど各種あります。

貯水槽タイプのものは、空気中の雑菌が水に接触することで貯水槽の中で細菌が増殖する危険性が常にあります。

このために、頻繁な貯水槽の点検整備が欠かせません。

この貯水槽については、法律でも点検整備を義務づけています。

しかし、管理が行き届かないマンションにおいては過去に点検をした日付さえも不明という場合があります。

貯水槽の安全性を確かめるには、管理事務所で「水の点検整備はどのくらいの頻度で行っていますか?」という聞き方で聞くこともできます。

また、貯水槽タンクが地上にあるものでは点検日などの記載シールがありますので、写真に記録しておきます。

また、エレベータは、定期点検調整日などが記載されているので、確認することができます。

管理会社に「エレベータの点検整備はどのくらいの頻度でしていますか?」と聞きます。

そして、「エレベータでの人身事故や閉じ込め事故はありましたか」と聞きます。

エレベータ事故は特に重要です。

この貯水槽は痛んでますね
貯水槽の点検整備は法律で義務づけられているが、管理が不十分なところも多いという
このタンクにはシールが貼ってあるからわかりやすいわ
パシャ
貯水槽の点検整備の頻度はどのくらいでしょう？
管理事務所
エレベータも閉じ込め事故や人身事故があったから聞いておこう

8 大規模修繕工事のないマンション!

新築されてから10年以上の年数が経過しているのに、過去に大規模な修繕工事を一度も実施していないマンションがあります!

このようなマンションでは維持管理の長期修繕計画がないために、汚れたままです。

当然ながら、外観が悪いため不動産の評価が落ちます。

長期計画修繕工事というものは、事業予算に基づいて行われるものです。

マンションの修繕工事にはいろいろあります。

その主なものは、外壁塗装工事・屋上防水工事・給排水管の清掃工事・屋上貯水槽清掃工事・鉄部塗装工事・エレベータ点検・植木剪定工事などです。

これらの工事を定期的に実施してこそマンションの維持管理が保全されます。

その工事ための予算の元になるのが、入居者が積み立てる修繕積立金です。

ですから、この修繕積立金があまりに低い場合はこれらの維持修繕工事が機能しないと考えればいいでしょう。

したがって、「大規模な修繕工事は最近実施しましたか」、また、「近い将来に、大規模な修繕工事の予定はありますか」などを管理組合か管理会社から聞き取ります。

そして、計画予定があるという場合は、「入居者の特別負担はありますか」と、必ず聞きます。

あまりに長い期間工事が行われていない場合は、大規模修繕工事を予定している可能性が高いということも考えられます。

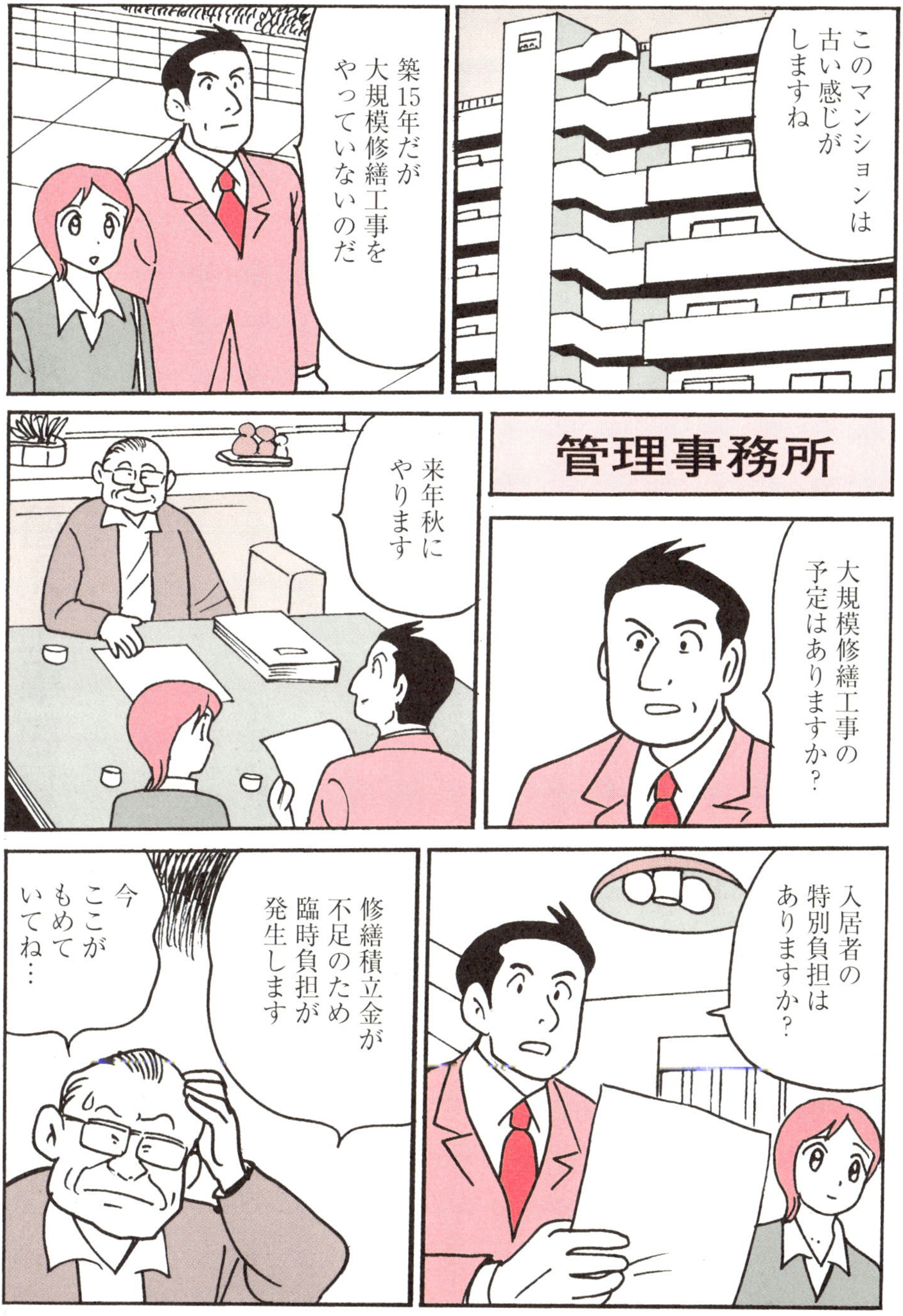
このマンションは古い感じがしますね
築15年だが大規模修繕工事をやっていないのだ
管理事務所
大規模修繕工事の予定はありますか？
来年秋にやります
入居者の特別負担はありますか？
修繕積立金が不足のため臨時負担が発生します
今ここがもめていてね…

9 給排水管取替え工事をしていない！

古くなった給排水管を放置しているとガス爆発が起きることがあります。

こんな事件がありました。

浴室・トイレ・台所などを同時に使用して水を流したところ、台所の湯沸かし器の水量が少量になり、ガスの種火が消えガスだけが部屋に充満し、その後に、何らかの火種に引火してガス爆発がおきたという事件です。

このため、室内のものを含めていっせいに交換をする場合があります。

古いマンションなどでは、多くの給湯システムでは湯沸かし器などを使用しています。

今では、火が消えればガスが自動停止するガス漏れ防止装置つきですが、古いマンションの場合は特に注意が大切です。

既存マンション取引の際は、「給排水管の清掃・取替えなどの工事を実施済みかどうか」を、管理組合か管理会社に聞き取りします。

通常、これらの事項は、マンション管理会社が把握しています。

管理会社の「重要事項報告書」に記載されている場合がありますので、注意深く確認をします。

注意するポイントは、過去に行われた給排水管取替え工事や点検記録の有無などです。

通常、物件内の諸設備は、経年変化のため性能機能を保証しない現況有姿売買ですが、生命の安全にかかわる以上、この部分の点検と状況の説明は大切です。

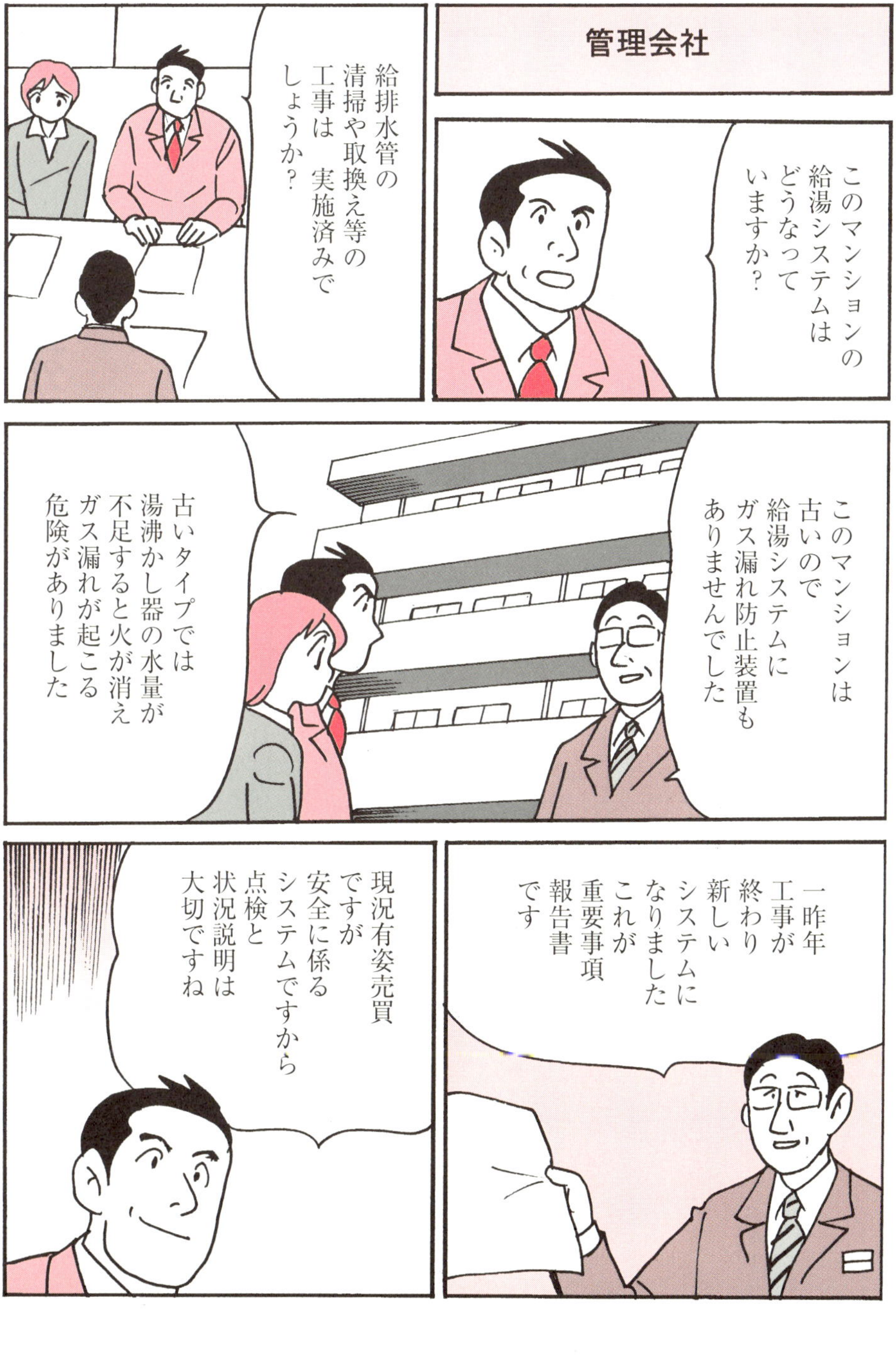
管理会社
このマンションの給湯システムはどうなっていますか？
給排水管の清掃や取換え等の工事は　実施済みでしょうか？
このマンションは古いので給湯システムにガス漏れ防止装置もありませんでした
古いタイプでは湯沸かし器の水量が不足すると火が消えガス漏れが起こる危険がありました
一昨年工事が終わり新しいシステムになりましたこれが重要事項報告書です
現況有姿売買ですが安全に係るシステムですから点検と状況説明は大切ですね

10 火災死亡事故のあったマンション！

すがすがしい気持ちで買主が入居したところ、入居のあいさつの際に、隣人から、「あなたの住んでいる部屋は火事で人が亡くなったところです」などと聞かされたら大変です。

その日から、買主は日常の平穏な生活ができなくなるかもしれません。

「過去に火災があったかどうか」ということはとても重要なことです。

マンション火災の被害は、出火元の部屋ばかりではなく、その下階層も被害に遭います。

それは、消火の際に、部屋に大量の水を放水するため、その下階層も水浸しになるからです。

このような火災があれば、マンションの場合はすぐに内装工事をして、火災があった形跡はまったくないほど部屋がきれいになってしまいます。

しかし、「その部屋が火災にあった事実」は、嫌悪される事故ですから、売主は買主に告知しなければなりません。

管理会社や管理組合などに「過去にマンション火災などはありましたか」と聞きます。

気をつけなければならないのは、オートロック方式のため、居住者と面談できない場合で、このような場合は、管理人に、一つひとつていねいに質問をしないと、情報は得られません。

勤めて日が浅い管理人の場合は、念のため、管理会社に質問をするようにします。

そして、最終的には、「売主の情報開示書」に「過去の火災事故の有無」などを売主に記載してもらいます。

やっと荷物も片付いた
あなた大変！
え〜！この部屋は火災死亡事故があったんだって!?
どうりで格安物件だったわ…
管理会社
過去にマンション火災などありましたか？
上のようなことが起こらないように過去の火災事故の有無などは売主が情報開示書に記載する必要がある

11 管理費滞納の売主！

平成16年4月23日、最高裁は「マンション管理組合の管理費等の請求権は新所有者に継承され、その請求期限は5年間である」と判決しました！

これは、マンションの区分所有者が管理費や修繕積立金などを延滞し、滞納額が１７３万になるまで放置され、この所有者が第三者にマンションを転売したときの事件です。

このように売主が管理費等を滞納していると、マンション購入者に、「過去5年間分を支払いなさい」ということになります。

この管理費等の滞納などは最近では珍しくはありません。

不動産引渡し日直前に、このような滞納金が発覚すれば、買主は不測の損害を被ります。

そこで、管理費等の滞納の有無を調べます。

方法は、売主本人から聞ければ一番早いのですが、管理会社があれば、「マンション管理に関する重要事項報告書」を請求して、これを入手します。

この重要事項報告書には、月額管理費等が記載されているだけではなく、滞納状況もおおむね記載されており、通常は、信頼できるものです。

管理費を滞納していても売主が完済すればいいのですから、この事実だけで不動産売買ができなくなるというわけではありません。

大切なことは、このような滞納金が新所有者に継承されないように、きちんと清算するような手続きを売主に要求することにあります。

また、マンション管理会社に委託をしていない場合は、管理組合の会計役員に聞きます。

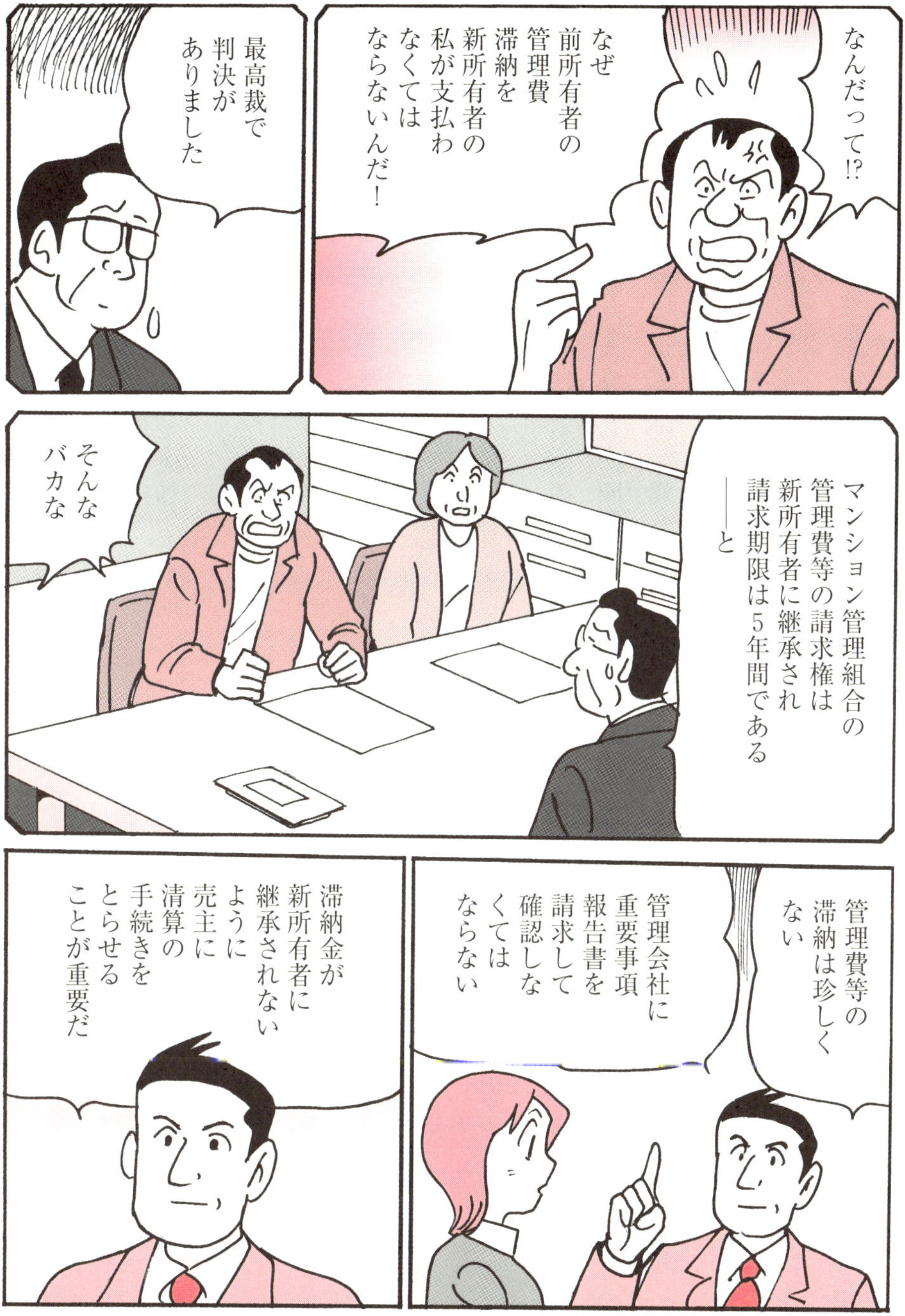
なんだって!?
なぜ前所有者の管理費滞納を新所有者の私が支払わなくてはならないんだ！
最高裁で判決がありました
マンション管理組合の管理費等の請求権は新所有者に継承され請求期限は5年間である——と
そんなバカな
管理費等の滞納は珍しくない
管理会社に重要事項報告書を請求して確認しなくてはならない
滞納金が新所有者に継承されないように売主に清算の手続きをとらせることが重要だ

12 嫌悪団体が入居している建物！

平成19年８月20日、警察庁は「平成19年上半期の暴力団情勢」を発表しました。

それによると、１～６月における検挙件数は2万６、９６９件に上る。

また、平成18年度末における全暴力団構成員の数は、４万１、５００人としています。

そして、平成19年７月末現在で、指定暴力団の団体数は21団体。

マンションなどでは、すぐに暴力団構成員とわかるような人が入居している場合や、問題のある新興宗教の信者が入居しているという場合があります。

しかし、マンションの入居そのものは自由であり、それ自体が問題になるケースは少ないのですが、個人ではなく暴力団事務所や問題のある新興宗教の団体が入居しているという場合は、大きな問題になります。

説明義務として問題になる場合は、このような団体や個人が入居しているため、明渡し請求などでトラブルになっている事実の有無です。

実際に、裁判になったケースもあり、仲介をした不動産業者が５～20％の損害賠償額を支払ったという事例もあります。

言い換えれば、入居者との間で何ら問題なく個人が生活をしているような場合は、生活不安になる要素がないのですから説明義務はありません。

このようなトラブルの有無を確かめるには、管理事務所に詰めている管理人や売主から、「入居者の間で警察が来るような事件やトラブルはないですか？」と聞くことが大切です。

管理事務所
入居者の間で警察が来るようなトラブルはないですか？
じつは…
と隣が暴力団事務所!?
説明義務がされてない明け渡しをしたい！
裁判になり仲介不動産業者が損害賠償を支払ったようです
管理人や売主にこういうことを確めておかないと後で問題になる

13 セキュリティー対策マンション！

最も安心な建物は現時点ではオートロック方式のマンション？

マンションといえば盗難事件を真っ先に思い浮かべる人も多い。

前所有者から所有権を移転して引渡しを受けた場合は、最初に、鍵の取替え工事を勧めます。

これは、前所有者に落ち度がなく、マスターキーを受領したとしても、見知らぬ第三者に合鍵を作られ、この合鍵を使用した者が窃盗を働いたという事件がありました。

このように、通常の場合は鍵の管理から気をつけなければなりません。

オートロック方式のマンションの場合、入居者が持つキーでなければマンション入口のドアが開かないのですから、入居者以外の第三者がマンション内に立ち入ることができません。

それでも、ベランダ伝いに上がってくる窃盗犯に対しては、ベランダ側もしっかり鍵をかけ、セキュリティー対策を施すことが大切です。

最近は、マンション室内には防犯設備として緊急用ボタンなどを設置していることがあります。

ここで、よく思い違いをする人がいますが、この緊急用ボタンを押したときに、警備会社がすぐに来てくれる場合、単に部屋に確認の電話をしてくるだけの場合、警備会社ではなく管理会社が電話をしてくる場合など、緊急時の対応がシステムによってさまざまです。

したがって、「防犯の警備はどのようなシステムになっていますか？」と、管理会社などで質問します。

管理会社
警備システムはどのようになっていますか?
警備会社に直結したセキュリティシステムです
このマンションはオートロック方式ですから第三者が入ることは基本的にありません
しかし前所有者のときマスターキーがコピーされている場合もありえますね
安全のためWキーにすることをお勧めしています
マンションによっては警備システムもさまざまですからよく調べておく必要がありますね

第8章 既存マンションの調べ方（2）法務局でわかる欠陥

1 第三者所有地を含む共有マンション！

マンション敷地の一部に第三者名義の土地が混じっている！

昭和63年以前のマンションでは、敷地権制度が実施されていなかったために、マンション敷地の権利が敷地権ではなく、従来の共有持分方式のまま、現在に至っているものがあります。

すべてのマンションが敷地権によって登記されているわけではありません。

このため、マンション敷地の一部に第三者名義の土地が混じっていることがあります。

原因はともかく、現実の問題として、第三者名義の土地の転売を繰り返し、悪意の第三者が土地を保有する可能性があります。

どのような問題が生じるかといいますと、すぐに問題が発生するものではありません。

しかし、万一、「古くなって建物を全面的に建替えしなければならない」という場合があります。

そのときに、第三者名義人の印鑑証明付きの同意書が必要となるため、この悪意の第三者に対して何らかの金銭的な補償をせざるをえなくなります。しかも、世帯数が多ければ、彼らの要求額も多額になります。

決して、問題は容易ではありません。

これは、従来のマンション建設では、土地と建物は別個の不動産であり、独立してそれぞれ売買できることから生じていることです。

マンション敷地全部に建物所有者が共有持分を取得しているかどうかを、土地の登記事項証明書で確かめる必要があります。

法務局
えっ マンション敷地の一部が第三者名義!?
こんなことってあるのですか?
昔は敷地権制度がなかったからね…
現在はこのままでも問題はないが共有持分だから将来建替えとなると問題だ
その第三者の印鑑証明付きの同意書が必要になる
もし、悪意のある第三者なら金銭要求も考えられる
マンションの敷地全部に建物所有者が共有持分を取得しているかどうか確認しておく必要がある

2 分母と分子が合わない共有持分建物！

昭和の時代に建設された共有持分マンションでは、分母と分子の合計が一致していないマンションが存在します！

この場合、建替え時に大きな混乱を招きます。

調べ方を少し述べておきます。

マンションの土地の登記事項証明書を法務局で取るとき、「共有者一覧もお願いします」と申請書に記載をして登記事項証明書を取得します。

そこで、共有者一覧に記載のある共有者数がそれほど多くないのであれば、共有者の分母と分子をそれぞれ合計します。

なかには分母が違う数字になっているものもありますが、分子と比率を考えて分母の数を同じにします。

ポイントは、「合計する分母と分子が同じ数字でなければならない」ということです。

この数字が違っているとどんな問題が起きるかといいますと、直ちに問題が起きるわけではありませんが、万一、「建替えをしなければならない」場合、権利関係の調節ができません。

このために、建替えができない場合があります。

現在、マンション所有者が所有している持分をいったん白紙に戻して、再計算をし直して新たな持分を設定するという作業を行うことになります。

この場合は、もちろん、区分所有者全員の印鑑証明書が必要です。

分母と分子が一致しない場合は、「再建築の際、分母、分子の再計算および全員の同意が必要です」と説明することが大切です。

マンションの共有者一覧もお願いします
マンションは分母と分子が同じでなくてはならないんだ
分母と分子？
全住戸の専有部分面積の合計が分母で各戸の専有部分面積の合計が分子
つまり合計すれば同じのはずだ
もし違っていれば建替えの際各所有者の持分を白紙にして再計算するなど大変面倒なことになる
こういうマンションの買主には再建築の際分母分子の再計算が必要と伝えなくてはならない

3 地役権の付いたマンション！

敷地権マンションの建物登記事項証明書のみを取得しても、敷地に付加されている地役権や抵当権は表示されません！

実は、登記官は、「これは、敷地権制度の欠陥というしかない」と言います。

敷地権登記は昭和63年ごろに全国の法務局で一斉に実施されました。

従来は、複数の土地の上にある共有持分マンションの場合、建物と土地をそれぞれ移転登記の対象にするのですが、その際、「土地の1筆だけ移転を忘れてしまった」などといった不動産トラブルがありました。

そこで敷地権制度の実施により、建物本体の権利は敷地に及ぶこととなったため、土地と建物を分離しての取引はできないようになりました。

その意味では、非常に優れた制度であることは間違いありません。

ところで、電力会社の送電線が敷地の上に通行しているために電力会社の地役権が付加されていることがあります。

電力会社は地役権設定契約を地権者との間で結びますが、地役権の設定登記をしている場合とその登記をしていない場合があります。

そこでマンション敷地の土地登記事項証明書を取得して、地役権の登記の有無を確かめます。

また、マンション近隣にある駐車場に地役権設定登記をすることがあります。

地役権設定登記は、送電線ばかりではなく隣接地の駐車場にもありますので注意が必要です。

このため、土地の登記事項証明書を取得します。

このマンション敷地隣接の駐車場の地役権はどうなっているかな？
地役権ですか？
地役権は自己の土地の便益のため他人の土地を利用する権利だがマンション敷地にこれがあると面倒だ
昔は複数の土地の上にあるマンションの場合移転登記を忘れた土地があったりもした
現在の敷地権制度では建物本体と土地を切り離して取引はできないから安全だけどね
ほかにも電力会社の送電線の地役権が敷地権の土地に付加されている場合もある

4 分譲時の敷地面積がないマンション！

分譲時の敷地面積が現在とはまったく違っていることがあります。

通常、マンションの販売時のパンフレットなどにはマンションの敷地面積が記載されています。

もしも、パンフレットがない場合は、市区町村役場で〝建築確認の台帳写し証明〟（通常、建築確認証明書といいます）を取得すると、そこには分譲時の敷地面積が記載されています。

この敷地面積が登記簿面積とおおむね一致しないときは、「建築計画概要書をください」と言って取得します。

この概要書には、建築計画の敷地図面が記載されていますので、分譲時の計画が概ね理解できます。

この分譲時の敷地面積や形が現在のものとまったく違っている場合は、重大な問題となります。

万一、現在と当時とで敷地面積が大幅に違っていて少ないという場合は、そのマンションが現在と同規模の建替えのできない〝不適格建築物〟の可能性があります。

マンションの資産価値は大幅に減少します。

したがって、もしも、このような違いを発見した場合は、市区町村役場の建築確認を担当する課で、「このような敷地面積が減少したマンションを建て替える場合はどうなるでしょうか？」と質問します。

このようなこともあるため、不動産価値を確かめるためにも、〝敷地面積の数値が分譲当時と同じかどうか〟を確かめることは大切です。

市役所
建築確認の台帳写し証明をください
マンションの敷地面積と登記簿面積が全く違うわ
建築計画概要書をください
マンションを建てた後で敷地の半分を売ったんだわ…
資産価値にも影響するから確かめなくては——
建築課
このようなマンションの敷地面積が減少した場合の建替えはどうなるのでしょうか？

5 登記されていない集会場！

複数棟のある団地形式のマンションで、集会場が登記されていないことがあります。

このマンションは、なぜかいまだに共有持分方式のままであったのですが、敷地内に単独で建っている集会場がありました。

この集会場について、法務局で登記事項証明書を申請すると、一切出てきません。

つまり、建物の登記自体が存在しないのです。

そこで管理規約には、集会場について何らかの記載があるだろう、と調べますと、何も記載がありません。

このような場合、万一の場合は、第三者所有者が現れて集会場を勝手に使用する、という可能性があります。

今から建物登記をするというのは、いろいろ大変かもしれませんが、管理規約には少なくとも、集会場は共用部分である旨の条項を設けることについて、管理組合総会で決議をしておく必要があります。

マンションが建設されてから10年もたち、多くの不動産会社が仲介に入って、何十回と売買されているにもかかわらず、誰もこのことに気づかずに今日まできたということに驚かされます。

管理規約に「集会場は共用部分である」と記載されていない、しかも、登記がないのですから、第三者に対して所有権や使用方法について対抗ができません。

したがって、知らずに不動産売買をこれまでしてきた業者にとっては、非常に、深刻な事態にまで発展する可能性もあるわけです。

大規模なマンション群ですね
ところがあの集会場は第三者のものらしい
登記事項証明書で調べたが集会場は登記されていなかった
今まで誰も気がつかなかったのですか…
万一、第三者に悪意があれば面倒なことになりうる
管理規約にも共用部分と明記してない――
このことは重要説明事項だ

第9章　既存マンションの調べ方（3）役所でわかる欠陥

1 新耐震基準以前のマンション！

建築確認証明でもわかる新耐震マンション！

マンションの耐震性能については、はじめに述べたとおりですが、ここでは既存マンションの取引の視点から述べます。

まず、建築確認申請の受付担当課に行きます。そこでは、〝建築確認の台帳写し証明〟というものを申請します。

市区町村によっては、〝建築確認証明書〟と言ったほうが通じやすい場合もあります。

よほど年代が古くない限り、コンピュータなどですぐに係りの人が探索してくれる場合が多い。

問題は、この確認証明書に記載されている〝建築確認年月日〟です。

この日付が、昭和56年５月31日以前のものか昭和56年６月１日以降のものかで大きく分かれます。

６月１日は新耐震基準の施行日です。

この日以降に建築確認を取得して建設されたものので、なおかつ、検査済み証が交付されていれば、基本的に、この建物は〝耐震性能を有すると考えられる建築物〟という判断が可能です。

反対に、この日以前に建築確認を取得した建物である場合は、たとえ、検査済み証の交付を受けた建物であっても、「耐震性能を有する建築物と判断するには疑わしい」ことになります。

このような場合は、「耐震診断の実施をしているマンションかどうか」を管理組合や管理会社で聞くことが大切です。

現状のマンションの耐震性能を調べるのも役所でできる
市役
建築課
建築確認の台帳写し証明をください
建築確認証明書ですね
上記の建築物は建築確認済である
確認済証交付者
建築確認年月日　昭和56年 5月
建築確認番号　第12345号
この建築確認年月日が重要だ
昭和56年6月1日以降のものであれば新耐震基準を有するマンションということになる
それ以前の物件は管理会社などで耐震診断の有無を調べておく必要がある

2 法令変更による不適格建築物!

時代が変わり法律も変わり、気がついたら、売主が住んでいるマンションは法令に適合しない〝不適格建築物〟という場合があります。

どういうことかといいますと、新築当初は法令に基づいて建てられたマンションが、都市計画法などが変更されたために、今の大きさのマンションが建てられなくなった場合、「現在の建物は法令に適合していないマンションである」ということです。

これは、〝不適格建築物〟といわれます。

もっと、わかりやすく言いますと、たとえば、新築当時は延べ床面積が1、000㎡の建築物の建築ができる敷地であったのに、現在の法令では、500㎡までの建築物しか建てられない物件になった、という場合です。

これは、決して〝違反建築物〟ではありません。

このようなマンションでは、将来、建替え時に現在と同じ規模の建物を建てられないために、居住者が困ってしまいます。

したがって、新築当初の床面積の半分しか建築できないということは、不動産価値は半減する可能性があると考えておく必要があります。

このように、不動産価格に直接影響をするのが、〝不適格建築物〟です。

売買重要事項説明書では、「本物件は平成○年○月○日に建築確認を取得していますが、その後、都市計画が変更となったため、再建築の際、現在と同規模の建築ができない場合があります」と説明をすることが大切です。

このマンションは現在不適格建築物の可能性があります
え？
都市計画法の改正により現在の大きさは違法となっています
この都市計画法ではここの地域には500㎡までの延床面積の建物しか建築できないのだ
将来　建替えの際　現状が1000㎡あるのにその半分の建物しか建てられないことになる
つまり資産価値も減少するというわけですね
売買重要事項説明書にも「再建築の際　現在と同規模の建築物ができない場合もある」と明記しなければいけない

3 1階駐車場を店舗にした不適合建築物！

1階の駐車場をやめてしまって、そこに店舗を違法増築したマンションがあります！

小規模のマンションの場合で、管理組合のリーダーが個性豊かな性格の人である場合に、管理組合を間違った方向に導いてしまうことがあります。

たとえば、駐車場をやめてしまって、そこに店舗を建築確認もないままに増築をした管理組合があります。

本来、そのマンションが法律上、ぎりぎりの延べ床面積で建築されている場合は、そのような増築は直ちに法令上の限度を超えてしまいます。

この場合は、〝不適合マンション〟という建築物ということになります。

〝不適合マンション〟と違うところは、〝不適合マンション〟は法令に適合するように是正さえすれば復元できることです。

万一、行政機関が発見した場合は、「現状を元に回復せよ」という「是正命令」が発せられる可能性のある建物、ということになります。

このような法令違反をした建築物は、購入後に大きなトラブルが発生することが予測されます。

なぜなら、このような増築工事自体、管理費や修繕積立金などを充てなければ建設できないのですから、これを元に復元しなければならない事態になれば、誰が責任を取るのか、といったことも問題になります。

このような建物の場合、「1階店舗部分は建築確認がないため行政から是正指導を受ける場合があります」と説明をしておくことが大切です。

このマンションは1階がコンビニで便利ですね
コンビニ
いや不適合マンションなんだ
え？
管理組合理事長が強引に駐車場を店舗に増築したのだ
延べ床面積が超過したことで不適合マンションになってしまった
行政からの是正命令があれば改築しなくてはならない
その資金や責任が問題になりますね
このことは重要事項になる

4　無許可の店舗のある不適合建築物！

用途規制で認められていない職種の店舗が入っているマンションがあります。

全国の市区町村では都市計画というものを定めて、この地域には住宅を主に建てる区域、他の地域には工場などを建てる区域、その他の区域には商業を中心に発展させる区域などというようにそれぞれ建築できる建物の用途を定めています。

ところが、この用途規制に違反をして認められていないマージャン店などを営む事業主もいます。

そのような店舗が1階にあれば、入居者の間で紛争の原因となります。

「立ち退きをせよ」といった具合に、マンション内での紛争は簡単には処理できません。

マンションの生活環境は悪くなるということにもなります。

毎日のようにその問題で入居者が議論をしているようでは、平穏な生活ができているとはいえません。

したがって、このような用途違反の店舗事業主がいる場合は、行政からすでに是正指導が管理組合に出されている場合もあります。

時には、違反用途ではなくても、ペットショップが入ったばっかりに、入居者の間で「立退き紛争」が起きることもあります。

「1階店舗においてペットショップ立ち退きに関する組合総会決議があります」というような説明が必要な場合があります。

管理組合や管理会社から十分に聞いて買主に説明をすることが大切です。

まあ こんなところに ペットショップ!?
ハミルバード
ペット
かわいー
あれ?
そこは――
なんですか?
このマンションは ペットショップの立退き紛争が起こってるんだ
この先のマンションも1階がマージャン店で不適合建築物となっている
不適合建物なら行政からの是正指導で解決できる場合もある
悪臭! 出ていけ
ペットショップ反対
ハミル
でも入居者が反対する店舗の場合は「組合総会決議」の有無を説明しておかねばならない

5 〝がけ〟上の工事で不適合建築物に！

マンションの1室を取引する場合、隣接地の〝がけ〟の状況を観察して、隣地が既存のものよりも高い擁壁を工事しているような気配があるときは、管理組合や管理会社に「隣地の〝がけ〟で問題になっていませんか」と聞きます。

ただし、〝がけ〟に関する条例違反であっても、「マンションが鉄筋コンクリート造なので条例適用除外工事」とみなされることもあります。

この場合は、重要事項で説明は不要となる場合があります。

また、条例は地域によりまちまちですので、買主には、「本物件隣地の所有者が行っている〝がけ〟工事は行政が違反であるとしているため、現在、管理組合は隣地所有者と協議中です」という説明が必要となる場合もあります。

隣接地が違法造成工事をしたために、当該マンションが〝不適合建築物〟になる場合があります。

〝がけ〟の工事が少し変である、という場合、その工事の様子をデジカメ写真にとって、建築確認の担当課に行き、「このような造成工事は問題がないでしょうか？」と聞くのです。

「この2段擁壁は違反造成です」といった回答がその場で得られる場合もあります。

また、工事中の場合は、行政から「工事中止命令」が出される場合もあります。

このようなときには、隣接地主に対して、「違反造成工事を撤去して元に復元してください」という請求をする場合、「損害賠償請求をする」ということにもなります。

こんなところを造成しています
隣接のマンションが不適合建築物になるかもしれないな
パシ
建築課
この造成工事は問題ありませんか?
この2段擁壁は違反造成ですね
この工事でガケの状況が変われば隣接マンションが不適合建築物となり損害賠償などの問題になる
買主には隣接所有者と協議中の旨を説明する必要がある

6 消防署の防火指導のあるマンション！

マンションによっては、駐車場入口に清掃用の小屋やプロパンガスのボンベ室を建築したために、駐車場入口が狭くなり、消防自動車が進入できなくなったという事例があります。

このような場合は、消防署は火災の防災対策に関する指導を行っているケースがあります。

つまり、火災が発生した場合、この駐車場に消防自動車が進入して消火に当たる予定が、不用意な工作物があるために消火活動ができない、ということになります。

一見、見落としがちなこのような事象は、最悪の場合、人命にかかわります。

しかし、消防署の指導や検査というものは、消防署独自に抜き打ちのような形でマンションの火災防災の検査をしているわけではありません。

あくまでも、マンション管理組合からの定期的な要請に基づいて検査が実施されているものです。

したがって、管理組合側が消防署に対して検査要請をしない限り、このような安全性についての報告記録はありません。

意外に、このような問題は放置されていることが多く、駐車場の形態や自動車の進入路の状況に余裕があるかどうかも併せて見ておくことが大切です。

そして、消防署の指導があるという場合、重要事項の説明の際、「駐車場入口がゴミステーションで狭くなったため、消防署の指導があります」と告知することが大切です。

見落としやすいことですので注意が大切です。

このマンションの駐車場入口は狭くありませんか？
よく気づいたね
これでは消防車が入れないから消防署からの指導がありえる
でも このことは管理組合から消防署に要請がないと検査もできないんだ
市消防署
万一のときは人命にかかわる問題だから重要だ
ウウー
重要事項の説明の際駐車場入口の現状と消防署の指導の有無を告知しなくてはいけない

7 火災警報器設置の有無は重要事項か？

こんな事例があります。

2005年9月16日、最高裁は、「売買重要事項説明書には、802号室の防火設備等として、火災感知器及び火災報知器の場所が示されていたが、本件防火戸の記載はなく、……本件防火戸の電源スイッチの位置及び操作方法、火災発生時における本件防火戸の作動の仕組み等については、全く説明していなかった」として、不動産仲介業者に火災延焼による損害賠償判決を下しました。

折から、平成19年6月施行の建築基準法改正により、新築住宅においては、「火災警報器設置」が義務づけられています。

既存住宅においては、全国の市区町村の条例により、平成20年6月1日より平成23年6月1日まではほぼ全国に関係者等に設置を義務づけることになります。

したがって、義務づけが始まった都市では、火災警報器が設置されていない建築物は建築基準法の不適合建築物となりますので、重要事項として不動産取扱い業者は説明をすることを考えておくことが大切です。

マンションの室内の点検の際、「火災警報器があるかないか」は大切なチェック項目です。

また、「火災警報器があるかないか」だけではなく、最高裁判例に示すように、「取扱い方法を説明」し、説明をした書面の受領書を取得しておくことも大切です。

消費者保護のためには、いかに物件調査情報の開示が大切かを示す判決です。

しかも、火災が発生した場合、取り付けたはずの火災警報器は焼失していますので、証拠を残します。

このマンションには火災警報器が設置してないな
早い市区町村では平成20年6月頃までには設置が義務づけられる
05年の最高裁判決で売買重要事項説明書に防火戸の記載がなく操作方法も説明しなかったとして不動産仲介業者に損害賠償が下った
火災警報器の有無も大切だが取扱い方法も説明しなくてはいけないのだ
消費者保護のためにはあらゆる物件調査の情報開示が大切なのですね

おわりに

消費者の「自己責任」は、「不動産取引において消費者保護のための不動産情報開示システムが制度として存在すること」を求めていると思われます。

また、取引における消費者保護のために「情報開示を推進する」という総合規制改革会議の議論は、「個人情報保護」という名の下に、国民の貴重な財産である不動産を取引の責任ある立場の人間が調査しても情報開示されないことがあるために響きません。

このため、不動産に関する情報が契約前に買主にすべてが明らかにならないのです。

そこで、このように不動産情報の収集が困難な時代になりますと、今後、「不動産取引書類の審査官（取引情報の審査を行う技術者）」が必要になります。

すでに、本書でも、「エスクロー制度が必要！」と言いましたが、不動産調査および不動産取引業者の情報開示技術のレベルアップが急務となっています。

私が提唱する、「エスクロー調査」は「消費者保護のための不動産情報開示システムの基本」であり、これを全国で実施する人は急速に増えています。

本書との出会いを機会に、不動産トラブルをなくし、皆様方が消費者保護に貢献されることを祈ります。

■著者略歴

津村　重行（つむら　しげゆき）

有限会社エスクローツムラ代表取締役。昭和22年兵庫県生まれ。昭和44年獨協大学中退後、昭和55年に三井のリハウス入社。昭和59年に日本には存在しない不動産物件調査業（デューデリジェンス業）に注目し、消費者保護を目的とした不動産売買取引の物件調査を主な事業とする有限会社津村事務所を設立。平成13年に社名を有限会社エスクローツムラに変更。20年余の不動産調査ノウハウを実務図書『不動産物件調査の実務』『マイホームを購入する前に読む本』（にじゅういち出版）にし、さらに「マンガでわかる不動産調査入門」（後に改題版「不動産調査入門基礎の基礎」住宅新報社）を出版した。平成20年『３訂版・不動産調査入門基礎の基礎』（住宅新報社）はベストセラー書である。全国各地の研修セミナーにてエスクロー調査の普及のため講師活動を展開し話題を呼んでいる。

ホームページ

http://www2.odn.ne.jp/~escrow-tumura

図解不動産業

仲介《ちゅうかい》でのマンション調査入門《ちょうさにゅうもん》

平成20年８月５日　初版発行

著　者　津《つ》　村《むら》　重《しげ》　行《ゆき》

発行者　中　野　博　義

発行所　㈱住宅新報社

編　集　部　〒105-0003　東京都港区西新橋１－４－９　（TAM ビル）

（本社）　（03）3504-0361

出版販売部　〒105-0003　東京都港区西新橋１－４－９　（TAM ビル）

（03）3502-4151

大阪支社　〒530-0005　大阪市北区中之島３－２－４（大阪朝日ビル）　電話（06）6202-8541㈹

＊印刷・製本／名鉄局印刷㈱

落丁本・乱丁本はお取り替えいたします。

ISBN 978-4-7892-2864-0 C2030